DE LA INGENIERÍA
A LAS VENTAS

Un Mar de Oportunidades

GERMAN RUMINOT

De La Ingeniería A Las Ventas.
Un mar de oportunidades / German Ruminot

Primera edición, junio 2023.
ISBN 978-956-414-739-0 (e-book)
ISBN: 979-885-411-558-2

Dedicado a todos aquellos que se inician en el mundo de las ventas consultivas.

Tabla de Contenido

Prólogo

La presente obra relata el proceso seguido por el autor para iniciarse en el mundo de las ventas consultivas.

Este libro está basado en experiencias de ventas consultivas, donde deben realizarse procesos detallados y rigurosos para conseguir las ventas en mercados altamente competitivos y cambiantes.

Todos los análisis y propuestas presentados en este libro están basadas en experiencias de procesos de venta a clientes en diferentes países, a través del quehacer profesional del autor.

Finalmente, es importante comentar que este libro está pensado para todos aquellos lectores que buscan comprender y aplicar el proceso de ventas en su tarea diaria y puedan usar este material como una guía práctica para revisar detalles del proceso de venta y análisis de casos reales.

Introducción

Hoy en día en el mundo se gastan cifras millonarias de dinero y tiempo en capacitar a profesionales de diferentes áreas para introducirlos en el mundo de ventas, con el objetivo primordial de generar y aumentar las ventas de los negocios y empresas.

El mundo de las ventas consultivas es un mundo dinámico y competitivo donde los profesionales deben cultivar la disciplina, constancia, proactividad y resiliencia para conseguir el objetivo final que es lograr una nueva venta.

La presente obra busca ser una ayuda al proceso formativo de nuevos profesionales que deseen conocer e ingresar al mundo de las ventas consultivas.

Este libro puede ser usado como una guía práctica para ventas consultivas a empresas, la cual está acompañada de un conjunto de propuestas, análisis, ejemplos y recomendaciones para lograr la primera venta.

En los capítulos iniciales se detalla el proceso para ingresar al mundo de las ventas.

En los capítulos siguientes, se detalla el proceso seguido para lograr las primeras ventas.

Cerrando la obra con algunas conclusiones y recomendaciones de mejora al proceso de venta.

De la ingeniería a las ventas

Capítulo 1: El inicio del viaje

E L mundo de las ventas era para mí un mundo lejano y distante donde el área comercial y de marketing de la empresa realizaban todo el proceso de la venta. Yo solamente recibía el resultado de todo el proceso, que correspondía al contrato, el contacto del cliente y alcance del producto o servicio vendido para implementar y soportar en el nuevo cliente.

Esta forma de trabajar fue mi zona de confort por mucho tiempo, estaba cómodamente siguiendo mi vida profesional en el área de proyectos y servicios, hasta que un día todo cambio de improviso con un llamado de mi superior que me dijo:

"...de ahora en adelante deberás gestionar todo el proceso previo al inicio del proyecto que corresponde a contactar a los futuros clientes y luego venderles el producto y servicio".

Luego de escuchar esa frase me dije a mi mismo: *¿Qué hago ahora?*, me sentí un poco frustrado y con ganas de renunciar al instante al no saber cómo abordar esta nueva situación que me estaba enfrentando, pero luego de meditar un tiempo decidí calmarme y pensar que esto era un nuevo desafío y que me gustaría abordarlo.

En los siguientes días, luego de todo ese episodio, aun sentía un gran desconcierto, dado que no entendía mucho de ventas, fueron días de mucha incertidumbre y desazón de no saber que hacer ni como iniciar mi nuevo *viaje al mundo de las ventas consultivas*.

Al tener que salir de mi zona de confort y lanzarme a este nuevo mundo, me puse a investigar todas las actividades, conceptos, procesos y nuevas situaciones que tendría que abordar para lograr una venta. Lo primero que se me ocurrió fue definir un plan de actividades, como si fuera un proyecto por abordar en un plazo determinado con todas las actividades para lograr la venta, de este primer análisis, las primeras actividades que logré identificar fueron:

- o Entender el mercado en el que voy a vender

- o Buscar y seleccionar futuros clientes

- o Contactar nuevos clientes y concertar una reunión inicial

- o Preparar y presentar tu producto y/o servicio

- o Preparar un documento con la solución propuesta

- o Negociar los términos de la venta del producto y/o servicio

- o Cerrar y firmar el acuerdo (contrato) de la venta

Pero con el correr de los meses, me di cuenta de que si seguía todos los pasos y actividades señaladas en el plan general de actividades no lograba generar una nueva venta, por lo que entendí que faltaban elementos claves en este proceso que no estaba considerando. Luego de este primer análisis puede obtener mi primera conclusión acerca de las ventas:

"A diferencia de la ingeniería tradicional, en los procesos de ventas no se pueden obtener los mismos resultados en un 100%, dado que los procesos de ventas no están basados en un proceso científico replicable".

Lo anterior implicaba que los resultados esperados de los procesos de ventas no podían ser replicados de forma sistemática para todos los clientes en cualquier mercado.

Está conclusión me hizo pensar que necesitaba entender más en detalle todos los factores y pormenores que ocurren en cada etapa del proceso de venta y que seguramente estaba dejando fuera de mi análisis inicial, los cuales no se podrían apreciar en un plan de actividades normal.

Durante esos días cuando aún no lograba cerrar ninguna venta, alguien en la empresa donde me desempeñaba me comento lo siguiente:

"...no te preocupes, cuando vendas tu primer producto o servicio, las siguientes ventas vendrán solas".

Sobre esta frase que me dijeron, con el tiempo aprendí una de mi segunda lección sobre las ventas consultivas:

"Ningún producto o servicio se vende solo, debe existir un trabajo previo de contactar el futuro cliente, mostrar el producto, posicionar sus atributos y beneficios, lograr convencer al cliente de adquirirlo, independientemente que hayas vendido

el primero o el último de tus productos y/o servicios, en resumen, el proceso de venta tienes que realizarlo con todos los futuros clientes".

Por lo que, en los siguientes días y meses, me aboque a la compleja tarea de estructurar mi propia forma de abordar el proceso de venta usando los nuevos conocimientos y las diferentes experiencias que iba adquiriendo con el paso del tiempo.

En los siguientes capítulos iremos revisando todos los pasos, actividades, experiencias y conclusiones que fui realizando para lograr mis primeras ventas consultivas.

Capítulo 2: Proceso de Venta

L uego de salir de ese estado de shock inicial y desconcierto, entendí que esto de las ventas era un mundo nuevo y que tenía que lograr ordenar mis ideas para buscar la forma de entender los conceptos básicos del área y luego definir un proceso que me permitiera abordar mi nuevo objetivo: *"realizar mi primera venta"*.

Conceptos de ventas

Lo primero que tuve que hacer para entender este mundo fue conocer algunos conceptos y terminologías que se manejan en el mundo de las ventas, a continuación, detallo algunos de los conceptos más comúnmente utilizadas:

o *Negocio Empresas a Empresa (B2B):* Este corresponde a la venta que se produce entre dos empresas o negocios, cómo por ejemplo la venta de servicios de contabilidad, marketing u otros. Este libro basa sus análisis y ejemplos en este tipo de ventas.

o *Negocio empresa a consumidor (B2C):* Este corresponde una venta desde la empresa un cliente final cómo por ejemplo la venta de calzado, ropa, etc.

o **Segmento de mercado:** Es un grupo de clientes y consumidores con un conjunto de características y necesidades comunes.

o **Nicho de mercado:** Este corresponde a una parte de un mercado más grande, que no cuenta con volúmenes exorbitantes de clientes, y que no cuenta con muchas empresas que los atiendan.

o **Prospectar:** Este concepto significa busca clientes potenciales (Leads).

o **Llamada en frio:** Este concepto corresponde a llamar a un potencial cliente sin haber intercambiado ninguna comunicación previamente, con el objetivo de concertar una primera reunión o directamente realizar una venta.

o **Cliente Potencial (Lead):** Este concepto se refiere a un contacto del cual tenemos sus datos, pero aún no manifiesta su intención de comprar, por lo que no se transforma en *Prospecto*.

o **Prospecto**: Este concepto se refiere a un futuro cliente que esta perfilado para comprar, pero que aún no ha concretado la compra del producto o servicio.

o **Cliente**: Se refiere a un prospecto que ha firmado un contrato de venta de un producto o servicio, en ese minuto pasa a llamarse cliente.

Estos conceptos se pueden resumir en el siguiente esquema:

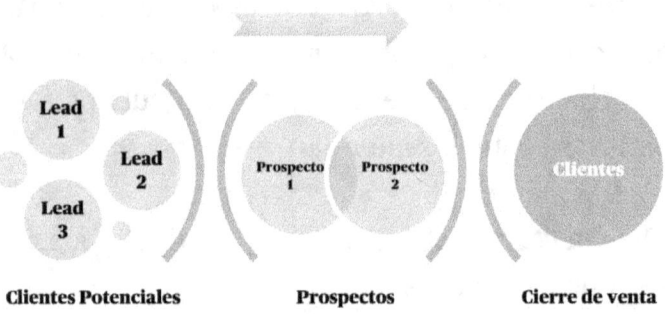

Ilustración 1 Clientes Potenciales, Prospectos y Clientes

○ ***Futuro cliente***: En este libro usaremos el concepto de futuro cliente para referirnos de forma indistinta a un cliente potencial (lead) o prospecto. Cuando se necesite detallar un tema en particular, se usará el concepto específico de cada uno (cliente potencial o prospecto).

○ ***Embudo (Pipeline):*** Se refiere al listado de clientes potenciales y prospectos que tienes en el proceso de venta, en general es como un embudo dado que al inicio tendrás muchos prospectos y clientes potenciales, pero solo unos pocos concretarán la venta (llevar al futuro cliente a transformarse en cliente).

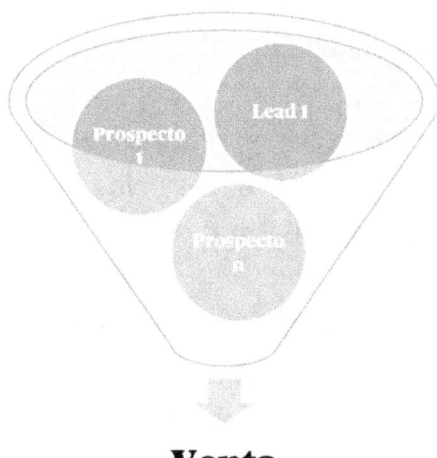

Venta

Ilustración 2 Embudo de ventas

- ○ **Tasa de conversión:** Se refiere a la probabilidad de concretar la venta en función del total de Leads de tu embudo.

- ○ **Previsión de ventas:** Se refiere a la proyección de las ventas para un periodo de tiempo determinado, por ejemplo: trimestral, semestral o anual.

- ○ **Cuota de ventas:** Se refiere a la proyección de las ventas a realizar por la empresa para un periodo de tiempo determinado, por ejemplo: trimestral, semestral o anual la cual es distribuida entre los vendedores de esta.

- ○ **Venta Adicional (up-selling):** El objetivo es ofrecer un producto con una funcionalidad o servicio de mayor calidad (premium), mejorando los ingresos provenientes del cliente.

o **Venta cruzada (cross selling):** Se refiere a poder vender un producto o servicio complementario al producto que ya ha comprado o comprará el cliente.

o **Bono por venta:** Se refiere al beneficio que define cada empresa por lograr la cuota o una cantidad de ventas asignadas a un vendedor en un período de tiempo determinado, ya sea de forma trimestral, semestral o anual.

o **Sistema de Gestión de la Relación con los Clientes** (Customer relationship management - CRM): Es un sistema que permite mantener la gestión con el cliente tanto durante el proceso de venta, marketing y servicio posventa.

o **Patrocinador (Sponsor):** Corresponde a un rol dentro o fuera de la empresa que está convencido de los beneficios del producto o servicio y promueve al interior de la empresa la compra de este. El patrocinador puede ser un excelente apoyo para dirigir las acciones al interior de la empresa y ayudar en las negociaciones para cerrar la venta.

o **Asociado, socio (Partner):** Corresponde a un socio comercial que te ayuda con la comercialización del producto o servicio.

o **Demostración (DEMO):** Se refiere al proceso de realizar una presentación de las funcionalidad y beneficios del producto y/o servicio a los futuros clientes.

o **Piloto:** Se refiere a realizar una prueba con datos del cliente en un sector o una determinada área para mostrar los beneficiosos y funcionalidades del producto y/o servicio.

o **Prueba de Concepto (PoC):** Se refiere a realizar una prueba que busca comprobar la viabilidad técnica de una idea o proyecto del cliente usando las funcionalidades del producto y/o servicio que se desea vender.

o **Objeciones:** Este concepto corresponde a todos los argumentos y problemas que el prospecto indicará para no avanzar en el proceso de venta.

o **Acuerdo de Confidencialidad (NDA - non-disclosure agreement):** Este documento se firma previo al inicio de intercambio de información o detalles del problema a resolver para el futuro cliente, con la finalidad de proteger la divulgación de información relevante del cliente respecto del resto del mercado y los posibles competidores durante un determinado período de tiempo. Este documento es exigido en algunas ocasiones cómo primer paso por parte de las empresas para iniciar o continuar el proceso de venta.

o **_Master Service Agreement (MSA):_** Es un contrato marco que define las condiciones de sus futuros transacciones y acuerdo de servicio entre el cliente y el proveedor.

o **_Acuerdo de Niveles de Servicio (Service Level Agreement- SLA):_** Define el nivel de servicio exigido por cliente al proveedor para un producto o servicio particular. Este acuerdo puedes estar incluido en el contrato que se firme entre las partes por la compra del producto y/o servicio.

o **_Cuota de Mercado:_** Este concepto se refiere a partición de las ventas de una empresa respecto al mercado y se calcula dividiendo las ventas de la empresa respecto al total del mercado en un periodo de tiempo, por ejemplo, anual o semestral.

o **_Participación De La Cartera (Share of wallet -SOW):_** Este es un concepto que se usa en marketing para indicar la cantidad de dinero que está tomando una empresa desde el cliente que compra. Dicho de otra forma, se define en función del total de gastos del cliente en el mercado, cuanto gasta en una empresa en particular en un determinado periodo de tiempo, por ejemplo, si el cliente gasta 100 dólares en comida a la semana en diferentes productos y del total solo 10 dólares en pan, entonces para la empresa de pan el share of wallet es 10/100= 10% del dinero de la semana de ese cliente.

○ **Descripción del trabajo (Statement of work - SOW):** Documento que describe los requerimientos del Proyecto, para el servicio o producto a contratar.

Proceso General de Ventas

Luego de entender la terminología comúnmente utilizada en las ventas, lo primero que pensé fue en analizar y definir un *Proceso General de Ventas*, para lograr plasmar en un solo lugar todas las variables de entrada, actividades, procesamiento y salida que debería contener para lograr la venta consultiva.

El objetivo que buscaba era que este proceso fuera mi guía para llevar a un **cliente potencial (Lead)** desde la actividad inicial al final del proceso que corresponde a realizar la compra del producto y/o servicio y se convierta en un *Cliente*.

Actividades y Elementos del proceso

Para definir este proceso, primero fue necesario analizar todos los aspectos y actividades que eran clave para el éxito de la venta, según mis exploraciones iniciales, los elementos claves a considerar eran:

- **Mercado** objetivo
- Futuros **clientes** (Leads y Prospectos)
- **Medios** para la venta
- **Propuesta** de valor (del producto y/o servicio)
- **Oferta** técnica y económica
- **Negociación**
- **Cierre** de la venta

Entre las actividades primordiales para llegar al objetivo de la venta estaban:

- Explorar y entender el mercado objetivo

  o Los factores que influyen en la definición de compra.
  o Los reguladores o entidades gubernamentales que regulan el mercado.
  o Ciclo de venta de ese mercado.
  o Factores estacionarios que afectan la compra.
  o Ciclo de compra de los clientes.

- Tamaño del mercado objetivo

  o Volúmenes de venta.
  o Volúmenes de compra.
  o Crecimiento del mercado en los últimos años y proyección futura.

- Actores claves del mercado

- Determinar y clasificar actores clave del mercado.
  - Actores lideres del mercado (clientes).
  - Innovadores del mercado.
  - Competidores.
  - Reguladores.
  - Empresas complementarias que pudieran ayudar a entrar al Mercado.

- Futuros clientes

  - De mercado total cuales serían tus futuros clientes por contactar.
  - Lista de clientes potenciales (Leads) y Prospectos (Posibles clientes).
  - Clientes actuales de tu empresa.
  - Categorizar los futuros clientes en función de su disposición a comprar.

- Medios para la venta

  - Estrategia de marketing (precio, punto de venta, producto, promoción).
  - Folletos, demos, pilotos, reuniones, etc.

- Propuesta de valor

  - Beneficios obtenidos por el uso del producto y/o servicio.
  - Funcionalidades claves del producto y/o servicio que te diferencian del resto.

- Oferta comercial

  o Propuesta económica del servicio y/o producto.

- Negociación
  o Negociaciones para cierre.
  o Tipos de contratos.

- Cierre de la venta
  o Firma del contrato.

Visión General del Proceso de Ventas

Luego de revisar y analizar toda la información recopilada en la literatura existente de ventas y de conversaciones con vendedores experimentados, detalle los temas que consideré fundamentales para entender el viaje que realizaremos para lograr una venta consultiva.

A continuación, detallo el esquema general del proceso que diseñé luego de todos los análisis comentados, dicho esquema cual lo dividí en ocho pasos específicos con resultados medibles y esperados para cada uno de ellos. De esta forma podría asegurar que, si lograba obtener los resultados de cada paso del proceso, incrementaba mi probabilidad de lograr la venta.

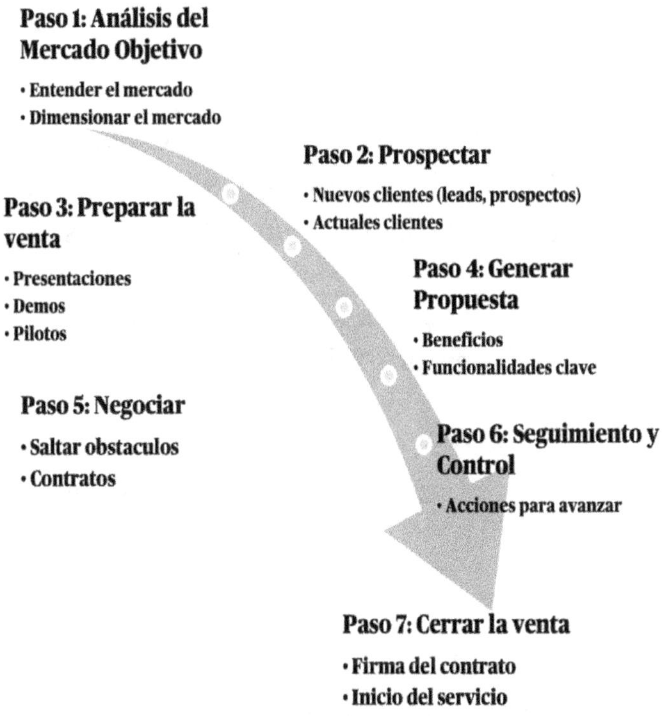

De la ingeniería a las ventas

Paso 1: Análisis del Mercado Objetivo

· Entender el mercado
· Dimensionar el mercado

Paso 2: Prospectar

· Nuevos clientes (leads, prospectos)
· Actuales clientes

Paso 3: Preparar la venta

· Presentaciones
· Demos
· Pilotos

Paso 4: Generar Propuesta

· Beneficios
· Funcionalidades clave

Paso 5: Negociar

· Saltar obstaculos
· Contratos

Paso 6: Seguimiento y Control

· Acciones para avanzar

Paso 7: Cerrar la venta

· Firma del contrato
· Inicio del servicio

Paso 8: Retrospectiva del proceso

- Agilidad en el proceso
- Simplicidad del proceso
- Temas por mejorar
- Cosas destacables del proceso

Ilustración 3 Esquema del proceso de ventas

Análisis Detallado del Proceso de ventas

A continuación, me aboque a la tarea de realizar una revisión detallada de cada una de las entradas y salidas de los pasos del proceso general de venta, los cuales detallo a continuación.

Paso 1: Análisis del Mercado Objetivo

En este paso del proceso es importante considerar las siguientes entradas y salidas para el análisis del mercado Objetivo:

- o **Entradas**
  - Ferias, exhibiciones, eventos, redes sociales
  - Revistas y Sitios web de sector
  - Proceso de compra del mercado
  - Volúmenes de compras de los clientes
  - Volúmenes de venta del mercado

- o **Salidas**
  - Análisis de competidores y socios
  - Cuotas de mercado del producto o servicio
  - Mapa del mercado
  - Listado de futuros cliente en el mercado

De forma gráfica el análisis se vería de la siguiente forma:

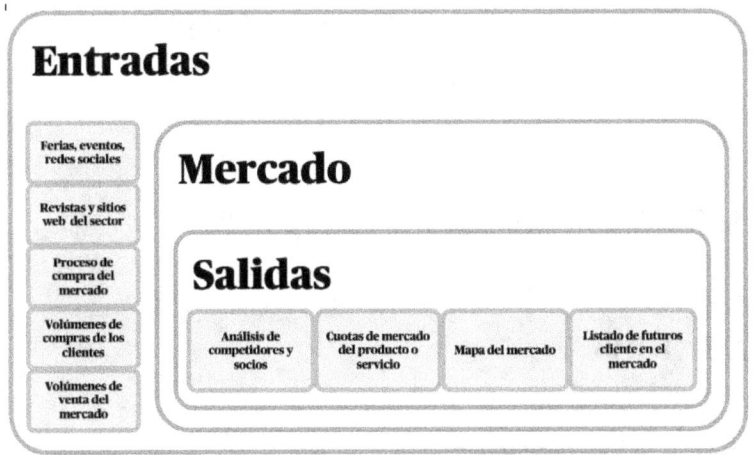

Ilustración 4 Entradas y Salidas del análisis del mercado objetivo

Paso 2: Prospectar

En este paso del proceso es necesario tomar como base los análisis previos del mercado como entradas para prospectar:

- o **Entradas**
  - Cuotas de mercado del producto o servicio
  - Mapa del mercado
  - Listado de futuros cliente en el mercado

- o **Salidas**
  - Crear categorización de futuros clientes
  - Priorización de nuevos prospectos

- Situación de clientes actuales (económica, política, etc.)
- Listado de futuros cliente en el mercado
- Primeros contactos

De forma gráfica se vería de la siguiente forma:

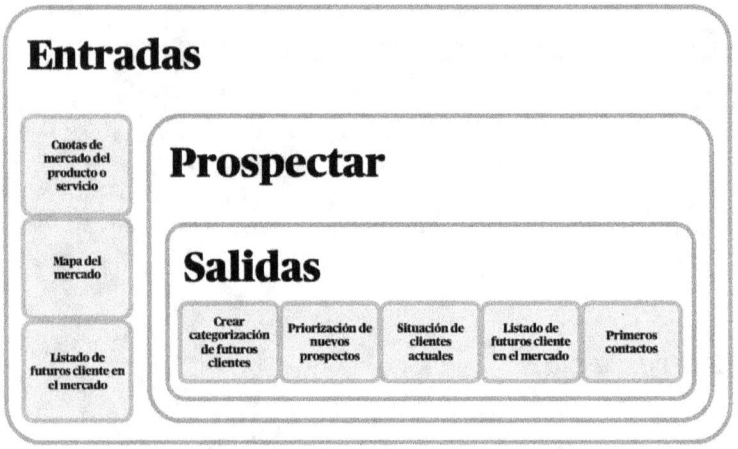

Ilustración 5 Entradas y Salidas para prospectar

Paso 3: *Preparar la venta*

Preparar la venta es un paso crucial dentro del proceso, dado que permite mostrar los beneficios y ventajas de tu producto para resolver el problema, respecto al resto del mercado:

○ **Entradas**

- Futuros Clientes contactados
- Posibles necesidades y problemas iniciales
- Identificar audiencia de las reuniones
- Detalles de las características y beneficios del producto o servicio a vender

o **Salidas**
  - Mapa de interesados y Patrocinador
  - Preparar el guion de la venta
  - Historia en referencia al producto o servicio
  - Demostraciones
  - Presentaciones
  - Caso de éxitos
  - Piloto

De forma gráfica se vería de la siguiente forma:

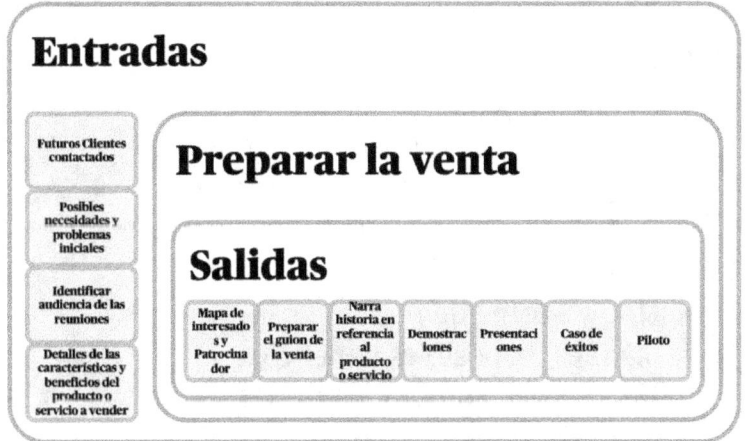

Ilustración 6 Entradas y Salidas para preparar la venta

Paso 4: Generar Propuesta de Valor

En este paso del proceso se busca preparar una propuesta que motive y convenza al futuro cliente de avanzar en la compra del producto, por lo que el contenido de la misma resulta clave:

- **Entradas**
  - Problema y necesidad central
  - Plazo y tiempos para contar con la propuesta y el producto
  - Impresiones del Patrocinador
  - Impresiones de las presentaciones, pilotos, PoC y demos cliente

- **Salidas**
  - Resumen ejecutivo
  - Breve descripción de la empresa
  - Propuesta de la solución ofertada
  - Detalle de los beneficios.
  - Propuesta económica
  - Tipo y Forma de pago
  - Detalles de posibles beneficios
  - Tiempo de validez de la propuesta
  - Casos de éxito

De forma gráfica se vería de la siguiente forma:

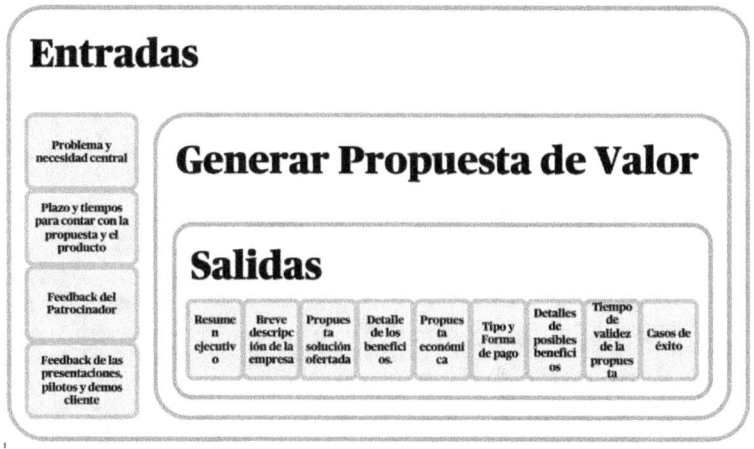

Ilustración 7 Entradas y Salidas para generar una propuesta de valor

Paso5: Negociar

Este es el paso previo para cerrar el proceso de venta y puede ser el más extenso y complejo para lograr completar la venta:

- ○ **Entradas**
  - Precio del producto o servicio
  - Funcionalidad adicional para el caso de los productos
  - Alcance de los servicios (territorial, funcional, etc.)
  - Duración del contrato
  - Plazos de instalación
  - Fechas de inicio del servicio o uso del producto.
  - Tipo y forma de pagos
  - Moneda de pago

- Descuento por volumen
- Exclusividad de uso
- Reproducción de marca
- Publicidad por uso del producto o servicio
- Cláusulas de salida anticipada
- Multas por incumplimientos
- Acuerdo Marcos y Niveles de servicios específicos (SLA, MSA)

- **Salidas**
  - Gestión de todas las objeciones
  - Negociaciones
  - Seguimientos de las objeciones
  - Contrato acordado

De forma gráfica se vería de la siguiente forma:

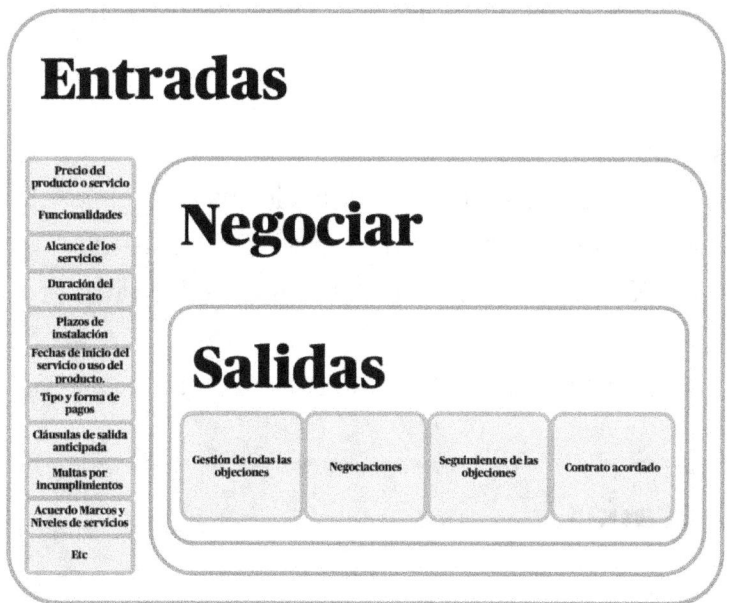

Ilustración 8 Entradas y Salidas para negociar

Paso 6: Seguimiento y control del proceso

En este paso del proceso es necesario tomar como base todos los análisis previos del mercado, preparación de venta, propuesta de valor, negociaciones actuales, como entradas para analizar cada uno de los prospectos en el proceso:

o **Entradas**
- Estado actual de cada futuro cliente en el proceso de venta
- Análisis del mercado
- Priorización actual del embudo de ventas

- Acciones realizadas y respuestas del futuro cliente

o **Salidas**
  - Próximas estrategias y acciones
  - Gestión interna para las acciones futuras
  - Nueva priorización del embudo de venta

De forma gráfica se vería de la siguiente forma:

Ilustración 9 Entradas y Salidas para seguimiento y control

Paso 7: Cerrar la venta

En este paso del proceso se busca formalizar todas las negociaciones en un acuerdo o contrato para dar el cierre formal a la venta:

- ○ **Entradas**
  - Acuerdo del contrato
  - Contrato
  - Fecha de inicio del servicio o uso del producto

- ○ **Salidas**
  - Firma del contrato
  - Inicio del servicio o uso del producto

De forma gráfica se vería de la siguiente forma:

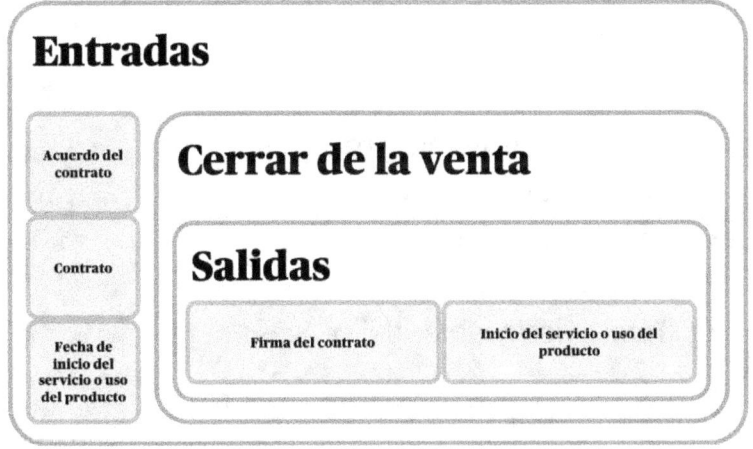

Ilustración 10 Entradas y Salidas para cerrar la venta

Paso 8: *Retrospectiva del proceso*

El objetivo de este paso es detenerse a analizar las cosas buenas, impresiones del cliente y los temas a mejorar en tu proceso de venta, este paso es relevante cuando recién estas partiendo en el rol de ventas, dado que te permite afinar tu proceso para los siguientes futuros clientes y concretar la venta:

- o Entradas
  - Análisis interno del proceso de venta
  - Agilidad en el proceso
  - Simplicidad del proceso
  - Temas por mejorar
  - Temas destacables del proceso

- o Salidas
  - Propuestas de Mejoras al Proceso

De forma gráfica se vería de la siguiente forma:

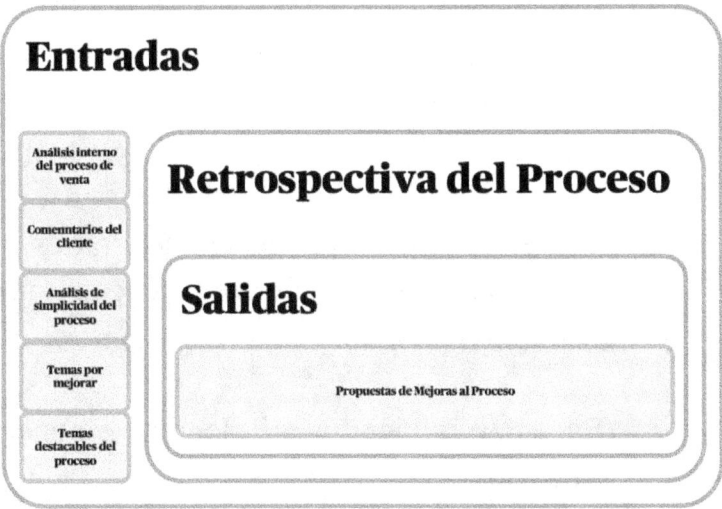

Ilustración 11 Entradas y Salidas de la retrospectiva del proceso

Entendiendo el Producto y Servicio

Luego de haber definido el proceso de venta, me aboque a la tarea de entender y comprender en detalle el producto y servicio que necesitaba vender, dado que este punto es esencial para iniciar el proceso de ventas, entre los tópicos que son necesarios conocer se encuentran, entre otros:

- o Entender en detalle:
  - o ¿Para qué sirve el producto o servicio?
  - o ¿Qué problemas y necesidades resuelve?

- o Las funcionalidades claves y diferenciadoras respecto a los competidores.

- En particular, que es lo extraordinario o atípico con que cuenta el producto o servicio para los clientes.

- ¿Cuáles son los beneficios monetarios y no monetarios que se pueden obtener con el uso del producto o servicio?

- ¿En cuánto tiempo se logran obtener los beneficios?

- ¿Cuál es la estrategia de comercialización del producto y servicio, requisitos para su uso, implantación, precios, descuentos, promociones, garantías, servicios posventa, etc.?

- En esta etapa es importante revisar y analizar una demostración del producto y/o servicio, en particular:

  - Funcionalidades claves que permitan conseguir los beneficios.
  - Funcionales diferenciadoras respecto a la competencia.
  - Nuevas funcionalidades que no existen en el mercado
  - Funcionalidades específicas para determinados tipos de usuarios.

o Analizar casos de éxito de clientes actuales, revisando en particular:

- o Beneficios obtenidos por el cliente
- o Tiempos y Riesgos del proyecto
- o Funcionalidades implementadas
- o Precios de la venta

Al finalizar este análisis deberás estar en condiciones de saber qué hace tu producto y/o servicio, los beneficios que se pueden obtener y que lo diferencian del resto de competidores en el mercado, solo entendiendo estos conceptos podrás iniciar los procesos de venta de manera correcta.

Adicionalmente luego de este proceso, deberás estar convencido y motivado que puedes vender tu producto y/o servicio promoviendo las cosas positivas de tu solución y sopesando las negativas o debilidades para lograr avanzar en el proceso de venta.

Elementos claves para el proceso de venta

Luego de muchas iteraciones con distintos procesos de venta fui observando que existen elementos claves que son necesarios de gestionar para avanzar y lograr cerrar una venta consultiva. Los elementos que detecte fueron los siguientes:

o Entender el problema central y necesidad del prospecto.

o Generar valor a tu futuro cliente con tu solución detallando los beneficios que logren justificar la compra.

o Generar la sinergia para que el prospecto confíe en ti, el producto y la empresa que representas.

o Solventar las objeciones.
o Luego de todo lo anterior llamar a la acción para cerrar el trato.

Cada uno de estos temas los iremos revisando en detalle en los próximos capítulos.

Capítulo 3: Análisis del Mercado Objetivo

Entender el mercado objetivo es el primer paso en el mundo de las ventas y es la base del proceso general de ventas, por lo que es importante comprender cómo funciona el mercado donde deseamos realizar el proceso de venta.

Entender el Mercado Objetivo

Luego de tener claridad del producto y servicio que debía vender al mercado, me puse con la tarea de entender el mercado objetivo, esto implica conocer a todos los actores de éste, y como dichos actores se mueven e interactúan en el ecosistema.

Para ejemplificar lo que se necesita determinar en este punto, vamos a tomar el sector de la energía solar de un país.

Por lo que, para vender algún producto o servicio en este mercado, deberemos averiguar en fuentes como sitios webs del sector, redes de contactos, grupos especializados, revistas, redes sociales, etc., los siguientes temas:

1) ¿Quiénes son las empresas clientes del sector y su participación en la generación de energía solar?

2) ¿Cuáles son las empresas del sector de energía solar que más invierten en nuevos productos y/o servicios?

3) ¿Cuál es el proceso que siguen para comprar, es de forma directa, por tres cotizaciones, o siempre necesitan una licitación para adquirir un producto o servicio?

4) En las empresas del sector, ¿Quién toma la decisión de compra el dueño, el directorio, el gerente general, el departamento de compra, el encargado de operaciones, etc.?

5) ¿Quiénes utilizan los servicios y productos que vendo, para ser nuestra puerta de entrada para realizarles una demostración o generarles la necesidad?

6) ¿Quiénes son los proveedores del sector?

7) ¿Quién es el líder o referente en ventas y servicios?

8) ¿Cuál es el tamaño de ingresos que mueve el mercado de energía solar en el país?

9) ¿Cuál es role del estado en el mercado, por ejemplo, en términos de regulación y subsidios?

10) ¿El estado regula el mercado y determina precios, cuotas de mercado o porcentajes de inversión en nuevos productos o innovación en el sector?

11) ¿Existen nuevos proyectos en cartera por parte del regulador para licitar o adquirir nuevos proyectos en el corto, mediano y largo plazo?

12) ¿Como compran los clientes? Por ejemplo: a crédito, al contado, compran licencias, servicios, SaaS, leasing, etc.

Para explicar cómo varían los mercados en función del país y la cultura, tomaremos como ejemplo el mercado de la venta de software en Brasil y lo comparamos con el mercado de venta de software en el Medio Oriente:

o En Brasil en general las empresas prefieren compran software en modalidad SaaS y moneda local.

o En Medio Oriente donde tienen un mayor poder adquisitivo es posible vender licencias del software en dólares estadounidenses o euros."

El ejemplo anterior muestra claramente lo relevante entender el mercado y su forma de comprar donde deseas vender el producto o servicio.

Fuentes de información

Para conseguir detalle del mercado me puse a explorar distintas fuentes de información, como en la empresa específicamente en el área de marketing, comercial o ventas, redes sociales, revistas especializadas, base de datos de empresas, etc.

Adicionalmente para lograr más información del mercado, es altamente recomendable participar en seminarios, congresos, eventos y todo tipo de actividades donde tus potenciales clientes asisten y participen.

Te sorprenderás las oportunidades que lograrás, cómo:

- o Información del mercado
- o Proveedores
- o Clientes potenciales
- o Nuevos contactos
- o Generar próximas reuniones

Además, durante las pausas y mesas de trabajo de estos eventos es importante charlar con la mayor cantidad de asistentes para generar sinergias y recopilación de información.

Según mi experiencia este tipo de eventos, son una instancia relevante, para darte a conocer y que conozcan tu producto o servicio, además de generar una cantidad importante de contactos para avanzar en el proceso de venta.

Una de las conclusiones importantes que logre asistiendo a estos eventos es que cada mercado tiene sus códigos, terminologías, conceptos claves, formas de trabajar y finalmente proceso de comprar particulares que es necesario entender y comprender para vender.

Adicionalmente, se puede concluir que el análisis del mercado es particular a cada país y cultura donde se desea vender, dado que estos factores pueden influir directamente en la forma como compran e interactúan tus futuros clientes y cómo se realizan las ventas en el sector.

Proceso de Compra

Un tema relevante que es necesario comprender dentro del análisis del mercado es el proceso de compra de tu mercado, para descifrar aspecto como:

- o **¿Qué producto o servicios** compran?

- o **¿Cuándo compran?** (verano, al inicio del año, en navidad, etc.)

- o **¿Con que periodicidad?** (dos veces al año, recurrente mensual, etc.)

- o **Las actividades y tiempos que toma** cada una de las etapas de la compra.

Lo que se busca entender, es el proceso de compra con las distintas actividades que se necesitan para cerrar el proceso, por ejemplo, un posible cliente de un determinado mercado necesitará:

1. **Definir la necesidad** del producto o servicio

2. **Analizar** los diferentes productos y/ servicios del mercado

3. **Pedir cotizaciones iniciales** para las necesidades y requisitos a los diferentes proveedores

4. **Levantar presupuesto** para cubrir la necesidad

5. **Realizar las cotizaciones del proceso o licitaciones** para adquirir el producto

6. **Evaluar** las propuestas

7. **Analizar las propuestas** y tomar la decisión de comprar

8. **Cerrar la compra**

Cada etapa del proceso de compra tomará un tiempo determinado, considerando desde que se levanta la necesidad hasta que se adquiere el producto o servicio, por ejemplo: el proceso puede tomar seis meses en empresas privadas y uno o dos años en empresa públicas o entidades gubernamentales, en función del país y mercado.

A continuación, dejo un ejemplo gráfico de un proceso de compra.

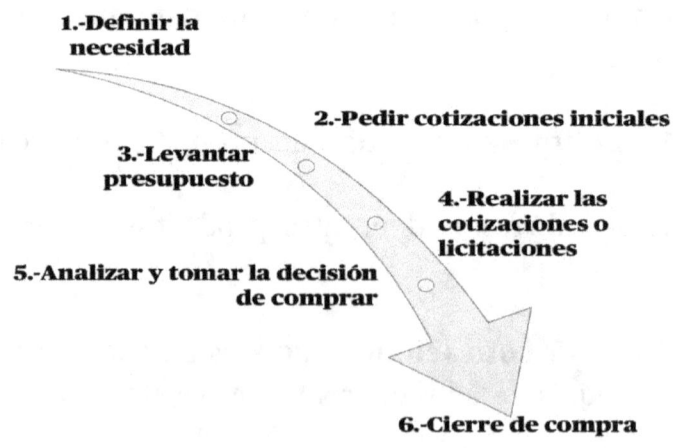

Ilustración 12 Esquema del ciclo de compras

Volumen de compras de los clientes

Siguiendo con el análisis del mercado, empecé a buscar información del volumen de compras de los clientes en el mercado, este dato es importante dado que determina la demanda del mercado, además de entender que compran y el volumen de compras de tus futuros clientes. La información puede ser extraída de análisis interno de tu empresa, entrevistas, redes sociales, encuestas, revistas del sector, estudios de mercado y memorias públicas de las empresas.

Lo primero que es necesario analizar de estos datos, es validar que tipo de producto o servicio compran tus futuros clientes, como los compran y luego el volumen de compra actual del sector.

Este análisis te permitirá entender a tus futuros clientes en términos de poder determinar los lideres del mercado y luego los seguidores. En resumen, te permitirá caracterizar a tus futuros clientes en el mercado que quieres vender.

En el esquema siguiente se muestra un ejemplo de un mercado con su volumen de compra.

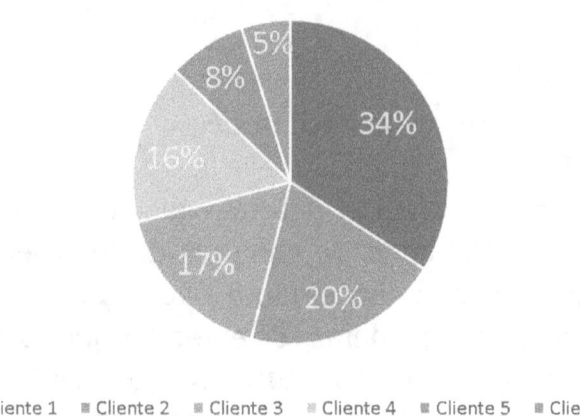

Ilustración 13 Compradores del mercado

Volumen de Venta del Mercado Objetivo

Otro aspecto relevante por analizar del mercado es conocer el volumen de ventas, dado que este dato permitirá determinar la oferta del mercado entre los distintos actores del mercado, como el mercado distribuye las distintas ventas entre todos ellos. Si puedes lograr conseguir estos datos lograrás entender el mercado objetivos y por ende a tus competidores.

El objetivo final de analizar estos datos es aumentar el volumen de venta del mercado o lograr capturar una posición en el mismo.

Cuota de mercado

Cuando ya tiene el dato de volumen global de ventas del mercado, es importante determinar cuánto es la participación de cada actor en el mercado y por ende la posición actual de tu empresa en el mismo.

El objetivo de analizar estos datos es aumentar el volumen de venta del mercado o lograr capturar una determinada posición en el mismo.

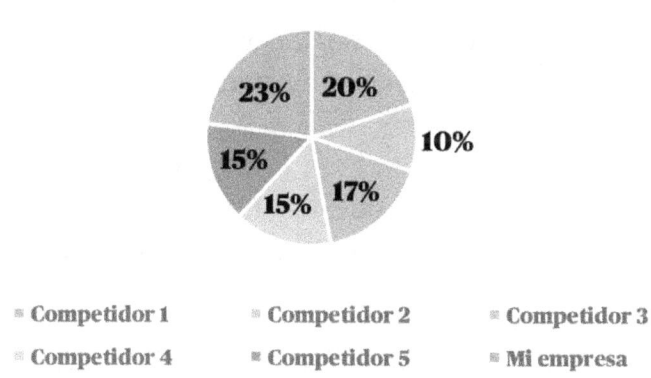

Ilustración 14 Ventas en el mercado

Análisis de los Competidores

Dentro del análisis del mercado un punto relevante es saber con quién estas compitiendo y cuáles son sus estrategias para posicionarse en el mercado.

Es importante entender durante estas primeras etapas del proceso de venta quiénes son tus competidores y la diferenciación que logran respecto a tu producto o servicio, analizando sus fortalezas y debilidades.

Siempre debes estar analizando la mayor cantidad información posible a través de sitios web, seminarios, eventos, revistas del sector, redes sociales, información pública de sus clientes, con el objetivo de identificar quién es el líder del mercado, los seguidores y la participación de mercado de cada uno de ellos, la cual puedes ir variando con el tiempo.

En la siguiente tabla muestro un ejemplo de análisis de competidores considerando las siguientes variables:

- o **Clientes** que posee.
- o **Fortalezas** del producto o servicio que ofrece.
- o **Debilidades** del competidor.
- o **Ventaja competitiva** respecto al resto de actores del mercado.
- o **Precios** que ofrece el mercado.
- o **Diversificación** de sus productos y/o servicios.
- o **Socios y proveedores** con los que cuenta.

Ilustración 15 Análisis de los competidores

Adicionalmente, puedes crear un análisis detallado de los competidores que te permitirá hacer un seguimiento de todas variables, cómo el que muestro a continuación.

Competidor	Clientes	Fortalezas	Debilidades	Ventaja competitiva	Precio	Socios
Empresa SS	Empresa A Empresa B (líder del mercado)	Rápida instalación del producto y servicio de soporte excelencia	Funcionalidad base limitada el resto se agrega a medida	El más innovador y líder del mercado	El mayor precio	Empresa HY
Empresa HH	Empresa R	Marca Alemana confiabilidad del producto	Soporte solo en horario europeo	Producto de mayor calidad y confiable en el tiempo	Precio medio del mercado	Empresa Plex

Ilustración 16 Análisis detallado de los competidores

Análisis de Proveedores y socios

Dentro del análisis del mercado es importante también caracterizar los distintos proveedores existentes, con el objetivo de determinar cuál de ellos son actores estratégicos y claves para el mercado que pueden ayudarte en el proceso de venta, dentro de estos proveedores podrías identificar uno o más socios que te acompañar en el proceso de venta de tus productos o servicios.

Adicionalmente podrías detectar sinergias con los proveedores que podrían convertirse en tus socios estratégicos en términos de la propuesta de valor que entregas al mercado complementándose mutuamente con tus productos o servicios.

Nuevo Producto en mercado objetivo

Puede darse el caso que al sector económico que quieras ingresar no cuente con un historial de ventas, debido a que estas lanzando al mercado un nuevo producto o servicio, por lo que seguramente hoy no tengas un mercado objetivo claramente definido.

Si este es el caso, tendrás que hacer un esfuerzo mayor para crear la necesidad en el mercado. La necesidad que quieres abordar aún no la visualizan los futuros clientes y, además, explicar que tu producto cubre esas nuevas necesidades con los beneficios específicos que propones.

Para este tipo de productos y/o servicios donde no tienes historial de ventas es importante focalizar los esfuerzos en determinar que parte del mercado son *clientes innovadores* y que cuentan con la disposición de adoptar nuevos productos y servicios para focalizar en ellos los esfuerzos.

Otra forma de llegar a esta parte del merado sin un historial de ventas es buscar socios y proveedores que te recomienden y permitan llegar a esos clientes para presentar tu producto o servicio a través de su red de contactos.

Si logras convencer a esta parte del mercado, puedes llegar a ser el líder del incipiente mercado, generando beneficios económicos importantes, pero teniendo en consideración siempre que este proceso de convencer al mercado que compren tu nuevo producto puede tomar un tiempo importante y mucho esfuerzo económico.

Cómo comentábamos previamente, en este tipo de mercados sin ventas será clave determinar las *empresas innovadoras* del sector, que sean pioneras en adaptar nuevas innovaciones y productos para poder avanzar y buscar asociaciones con proveedores existentes.

Resiliencia y Persistencia son las palabras claves que deberás aplicar en ese tipo de mercado. El objetivo principal en este periodo es darte a conocer y generar una cantidad importante de prospectos para realizar presentaciones, demostraciones y pilotos, con el fin de conseguir un futuro cliente, que esté dispuesto a probar y avanzar con tu producto o servicio.

Mapa del Mercado Objetivo

Luego de haber analizado todos estos aspectos acerca del mercado objetivo, me fue posible definir un **Mapa del Mercado Objetivo** en el que deseaba vender.

A continuación, detallo un ejemplo del Mapa del Mercado Objetivo, el cual me permitió entender quienes componen el mercado y cómo los diferentes actores interactuaban en el ecosistema.

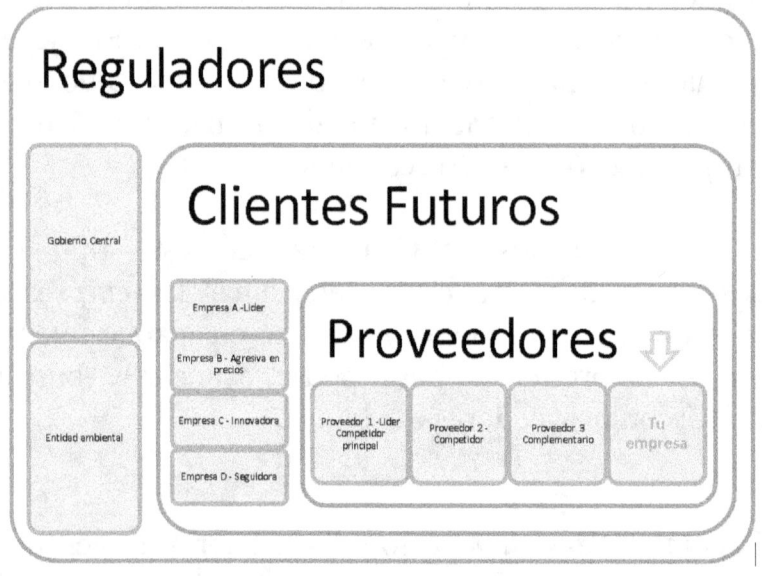

Ilustración 17 Mapa del mercado objetivo

Este esquema permite tener una visión clara del mercado objetivo y donde estas ubicado tu cómo empresa para vender, además de poder analizar hacía que áreas de este mercado te puedes mover para conseguir tus ventas.

Seguimiento del Mercado Objetivo

Un tema que aprendí con el tiempo sobre el área de ventas es que el seguimiento del mercado objetivo es un tema muy relevante, dado que afecta directamente la dinámica de tu proceso de venta. La pregunta que me hice en su minuto fue:

¿Por qué necesito hacer seguimiento del mercado objetivo?

Y la respuesta, la aprendí con el correr de los procesos de venta, respecto de lo importante y necesario que es realizar seguimiento al mercado por los siguientes temas:

o El mercado objetivo es **dinámico** cambian sus necesidades, actores y regulaciones por lo que realizar un seguimiento es clave para mantener o aumentar su posicionamiento en este.

o **Cambios desde el regulador que afectan el mercado**: Puede impactar en regulaciones a los nuevos productos, clientes y mercado en general, como consecuencia esto puede generar nuevas oportunidades de venta o amenazas a tus productos o servicios.

o **Fusión de clientes**: Puede afectar la venta de productos o generar nuevas necesidades

o **Nuevos competidores**: Puede impactar en la composición del mercado, por ejemplo si incorporan nuevas tecnologías, nuevos precios o servicios.

o **Fusión de competidores**: Puede generar economías de escala y más competencias con los demás actores del mercado.

o **Nuevos proyectos o clientes en el mercado**: puede generar nuevas oportunidades de ventas en general.

o **Nuevos proveedores**: el ingreso de un nuevo proveedor puede ayudar a mejorar tu producto o servicio.

o **Cambios de equipos** en las empresas clientes del mercado: Estos cambios generar oportunidades de presentar tus productos y/o servicios a los nuevos interesados y por otra parte si ya es cliente tuyo volver a revisar con los nuevos equipos si existe alguna nueva necesidad o han cambiado las actuales.

La información para el seguimiento del mercado la podemos obtener de los sitios webs del sector, redes de contactos, grupos especializados, revistas, seminarios, eventos, redes sociales etc.

Finalmente es importante comentar, que este seguimiento es posible de realizar de forma bisemanal, mensual, trimestral o semestral, dependiendo de la rapidez y agilidad con que evolucione el mercado en tu sector.

Capítulo 4: Prospectar

L uego de haber analizado el mercado en detalle y entender cómo funciona, el siguiente paso es prospectar, esto corresponde a crear un listado de futuros clientes con un orden de prioridad y contactarlos para ofertarles tu producto y/o servicio.

¿Qué es Prospectar?

Está fue la primera pregunta que me hice cuando empecé a abordar este paso del proceso y finalmente la respuesta en palabras simples es: *prospectar* tiene por objetivo buscar clientes potenciales, que luego tengan la intención de comprar.

Nota: *Según encuestas a vendedores, el prospectar es una de las actividades más primordiales y desafiantes del proceso de venta, seguida de la actividad de cierre para convertir prospectos en clientes finales.*

Caracterización del prospecto

Antes de contactar a nadie, pensé que una buena idea sería identificar un perfil del tipo de prospecto y empresa que buscaba convencen de que adquiera el producto o servicio, por lo que definí los siguientes conceptos:

o ¿La empresa prefiere usar tecnología?
o ¿Es innovadora?
o ¿Tiene cobertura en varios territorios?
o ¿Cuál es su participación de mercado?
o ¿La empresa toma riesgo en los negocios?
o ¿El contacto es un tomador de decisión?
o ¿La empresa está en el mercado objetivo?
o Etc.

Está caracterización dependerá del producto y/o servicio específico que quieras vender e irá ajustándose con las iteraciones del proceso de venta y los perfiles de nuevos clientes que consigas, pero es un primer paso para buscar mis futuros clientes.

Luego de lograr está primera caracterización pensé en priorizar la lista de futuros clientes, en función de determinadas características que se adecuaran al tipo de cliente que buscaba venderle.

A continuación, revisaremos un listado de atributos que considere relevantes para perfilar y priorizar los prospectos.

Ilustración 18 Ejemplo de perfilamiento del prospecto

Participación de Mercado del prospecto

Un primer factor para considerar al momento de priorizar los prospectos es la participación de estos en el mercado (indicador 1 a 100).

Podemos tener prospectos que tienen una participación importante a nivel local, pero baja a nivel regional o global.

Categorización

La categorización será un segundo factor por considerar para la priorización de tus futuros clientes. El objetivo de esta actividad es definir el tipo de cliente. La categorización puede considerar las siguientes formas de un futuro cliente:

- o **Líder del mercado (4):** Esta categoría domina el mercado y busca productos que le permitan mejorar su liderazgo.

- o **Innovador (3):** Este tipo de clientes, son los que están dispuestos a introducción productos y servicios innovadores a su empresa.

- o **Seguidor (2):** Este tipo de clientes copia las ideas ya probadas del líder y el innovador y las implementa en su empresa.

- o **Conservador (1):** Esta categoría de clientes, necesita todas las presentaciones, pilotos y demostraciones necesarias para convencerlo de introducir tu producto en la empresa, puede ser el que tenga un mayor tiempo en el proceso de venta.

Nota: *Entre paréntesis se indica el valor asignado para cada la categorización en el proceso de priorización.*

Ilustración 19 Análisis de los futuros clientes

Cobertura Territorial

Otro elemento para considerar en la priorización de tus futuros clientes es la **cobertura** territorial de sus operaciones en función de sus servicios y productos, con el objetivo de determinar el alcance que tendrá tu producto y/o servicio en el mercado si lo adquiere el prospecto.

La cobertura territorial la podemos definir en función de la geografía que el futuro cliente cubre con sus servicios y productos. Por ejemplo, una cobertura global puedes encontrar en una empresa transnacional, una cobertura nacional puede abarcar solo un país para una empresa mediana.

El siguiente esquema muestra los tipos de cobertura territorial que podríamos encontrar al caracterizar un prospecto:

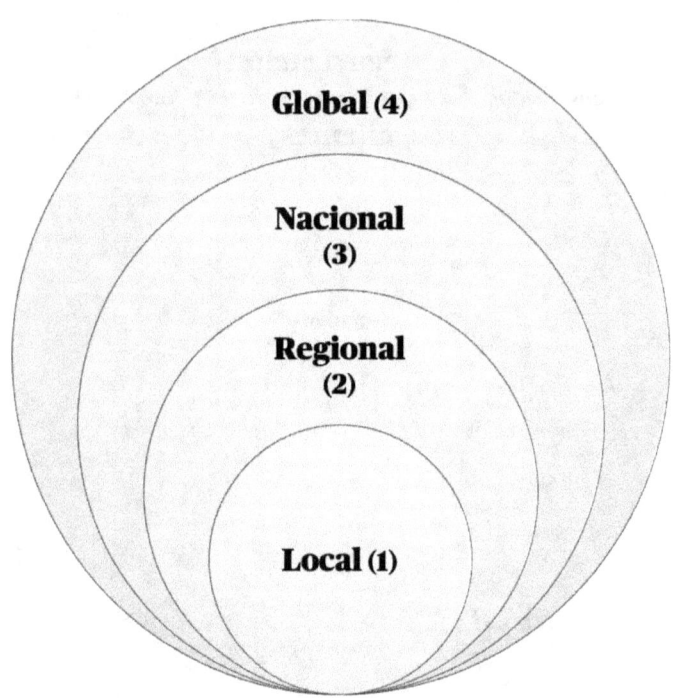

Ilustración 20 Análisis de cobertura territorial

Priorización de Prospectos

Una vez analizado todas las variables mencionadas previamente:

- o *Participación de mercado*
- o *Categorización*
- o *Cobertura territorial*

Ahora me aboque a la definición de una ponderación de cada una de las variables, con el objetivo de priorizar a los futuros clientes en función de la estrategia de la empresa que vende el producto y/o servicio.

A continuación, muestro el resultado de mi análisis de priorización de prospectos tomando como base la caracterización comentada previamente, cómo un ejemplo que se puede analizar y ajustar a la realidad de cada lector:

Ejemplo de Fórmula de priorización

(2*Categoría (1-4) + 3*Cobertura (1-4) + Participación de Mercado (0-100))

Rangos de priorización

- o   Alta   : 50- 120
- o   Media   : 30- 49
- o   Baja   : 0 - 29

A continuación, se muestra el resultado del caso revisado:

Categoría	Cliente	Cobertura	Participación De mercado	Priorización
Innovador (3)	AA	Local (1)	5% (5)	BAJA (6+3+5) =14
Líder (4)	JKO	Global (4)	35% (35)	ALTA (8+12+35) =55
Seguidor (2)	ABA	Nacional (2)	20% (20)	MEDIA (4+ 6+20) =30
Conservad or (1)	GARTA	Global (4)	20% (20)	BAJO (2+12 +20) *0,5=17
Innovador (3)	HUI	Regional (3)	10% (10)	MEDIA (6+9+10) *0,5=12,5

Ilustración 21 Análisis de priorización de prospectos

Nota: *Esta priorización es un ejemplo, luego cada lector puede variar en cantidad de variables, distribución y valores que tome cada una de las variables durante el proceso de venta.*

Adicionalmente los valores que tome cada prospecto deberán ser revisados junto al seguimiento y control de los futuros clientes. Si algún parámetro varía, esto hará cambiar la priorización.

Resultados de un ejemplo de priorización

A continuación, se muestra un ejemplo de cómo se vería el resultado de la priorización para los distintos futuros clientes.

Donde se aprecia que el foco para contactarlos estaría en los prospectos de alta prioridad en primera instancia, para continuar con lo de menor prioridad bajando en listado.

Prospecto	Priorización	Foco
Prospecto 10	97	ALTA
Prospecto 9	80	ALTA
Prospecto 2	78	ALTA
Prospecto 1	68	ALTA
Prospecto 7	45	MEDIA
Prospecto 3	35	MEDIA
Prospecto 4	10,3	BAJA
Prospecto 5	9	BAJA
Prospecto 6	7,1	BAJA
Prospecto 8	5,8	BAJA

Ilustración 22 Detalle de la priorización de prospectos

Una forma gráfica de representar los resultados es la siguiente:

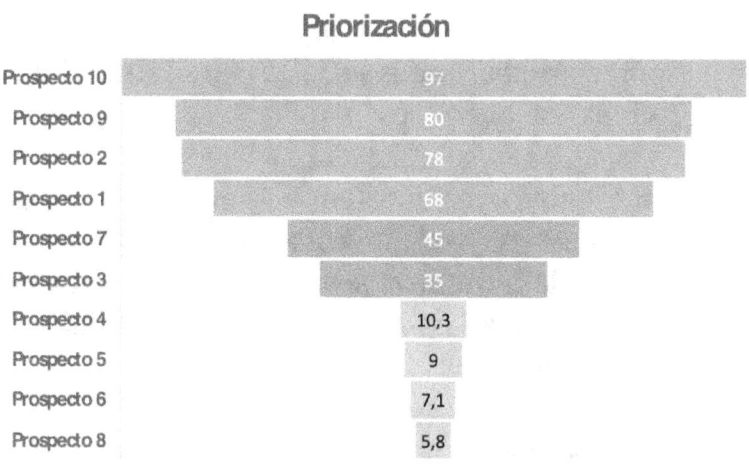

Ilustración 23 Gráfico de priorización de prospectos

Primeros contactos

Luego de haber realizado el proceso de identificar y priorizar los futuros clientes, fue el momento de ponerme en acción y contactarlos directamente.

Al inicio me resultaba difícil llegar a contactar a futuros clientes sin conocerlos, pero con el pasar de los procesos de venta vas tomando más confianza en contactar a nuevos prospectos. Realizar este proceso de forma correcta resulta clave para avanzar en el proceso de venta.

Para este proceso puedes usar diferentes canales de comunicación, como, por ejemplo:

- o Llamarlo por teléfono
- o Enviarle un mensaje por aplicaciones de mensajería cómo WhatsApp, Telegram, Signal, etc.
- o Enviar un correo electrónico
- o Contactarle por redes sociales como: LinkedIn, Twitter, Facebook, etc.

Este último punto, es un tema relevante que aprendí realizando el proceso, y es que cada futuro cliente, tiene su forma predilecta de comunicarse y el objetivo en esta etapa es averiguarlo para lograr conectar con él y comunicarle de forma efectiva tu mensaje.

Por ejemplo, las nuevas generaciones prefieren contacto vía mensajería como canal de comunicación principal, en cambio las generaciones previas prefieren por teléfono y/o presencial. Por lo tanto, es importante determinar a qué generación pertenece tu futuro cliente y la preferencia de canal de comunicación del cliente potencial.

¿Qué decir en esa primera llamada fría?

Recuerdo cuando tuve que realizar mi primer contacto en frío, me tomo mucho tiempo realizarlo, dado que me puse a preparar un guion para seguirlo durante el contacto, dado que de esta manera me daba la seguridad para contactar al nuevo cliente.

Mi primer guion para un primer contacto en frio fue algo como lo siguiente:

1) Saludo de cortesía
2) Presentarse con tu nombre y empresa
3) Que resuelve tu producto y seguido del beneficio a obtener
4) Llamar a la acción a través de concretar una reunión remota o presencial en algún horario
5) Si la respuesta es positiva concretar la cita y adjuntar un folleto del producto o servicio
6) Si la respuesta es negativa, agradecerle por su tiempo y dejar abiertas las puertas para una próxima oportunidad.
7) Despedida independiente de la respuesta del cliente potencial

Ilustración 24 Esquema para llamadas en frio

Contactar a un futuro cliente en frio es una situación nueva y estresante a la vez, dado que no tienes certeza de cómo reaccionará la persona que contactas, por lo que tienes que estar preparado para cualquier tipo de escenario, el receptor del mensaje puede darte cualquier respuesta y debes estar preparado para distintas situaciones y para los **No** como cómo respuestas de no avanzar en el proceso.

Estas respuestas negativas son parte de un proceso normal de ventas, por lo que lo importante es que seas amable, cordial y empatices con él y **no tomes la respuesta como si fuera**

un tema personal contra ti o tu desempeño, cuando logres entender este punto, estarás más preparado para realizar los contactos en frio.

Al cliente que llamas o contactas puede tener que resolver veinticinco temas ese día, reuniones, solicitudes, urgencia, finalmente lo único que busca con tu contacto es que le resuelvas alguna de sus necesidades y le facilites las cosas que tienes encima de la mesa.

Otro tema importante es que a nadie le gusta que le vendan sin que le aporte algo, por lo que el primer contacto con tu futuro cliente es clave.

A continuación, muestro un ejemplo de una primera llamada en frio:

Llamada 1: *"Buenas tardes, señor Blandid, me presento mi nombre es Richard Buganvilla y lo llamo para presentarle nuestra solución WaterFree que resuelve los problemas de calidad del agua que podría tener, la cual en menos de dos días ya tendrá una mejora del 30% en calidad y ahorro de aditivos, podemos realizar una demostración del producto y sus beneficios, si me da 30 min de su tiempo, tendría tiempo el algún día de esta semana?"*

Futuro cliente 1: *"no me interesa"*

Respuesta llamada 1: *"Estimado señor Blandid le agradezco su tiempo y si en algún minuto tiene la necesidad le voy a dejar un correo con mis datos, muchas gracias por su tiempo, hasta luego".*

De este tipo de respuestas recibirlas muchas, hasta que alguien de tu lista de futuros clientes te diga que avanza como la siguiente llamada que se detalla a continuación:

Llamada 2: *"Buenos días, señor Smith, me presento mi nombre es Richard Buganvilla y lo llamo para presentarle nuestra solución WaterFree que resuelve los problemas de calidad del que podría tener, la cual en menos de dos días ya tendrá una mejora del 30% en calidad y ahorro de aditivos, podemos realizar una demostración del producto y sus beneficios, si me da 30 min de su tiempo, tendría tiempo el algún día de esta semana?"*

Futuro cliente 2: *"Podríamos reunirnos este jueves a las 15:00 horas en mi oficina no tengo otro horario, la dirección es..."*

Respuesta llamada 2: *"...Perfecto, ahí estaré, me da su correo electrónico para dejar la cita reservada ahora mismo, además le incluiré un folleto del producto, con las funcionalidades que aborda y beneficios a obtenidos, y puede invitar a quien estime conveniente a la reunión. Nos vemos y muchas gracias por su tiempo."*

Nota: *Estas situaciones descritas pueden ocurrir por cualquiera de los canales de comunicación comentados previamente, pero lo relevante de todo es lograr conseguir nuevos clientes y avanzar en el proceso de venta, independientemente del canal de comunicación.*

Análisis de los Interesados

Luego que había contactado los primeros futuros clientes era necesario analizar a los interesados para lograr avanzar.

Para realizar este proceso fue necesario tomar cada una de las empresas del listado de los futuros clientes y analizar cada uno de ellos:

1. Lo primero es buscar e identificar los contactos de cada empresa que contactaste que pueden ser tus futuros clientes.

   a. Para este objetivo puedes usar las redes sociales (LinkedIn, Facebook, etc.), tus contactos y redes propias, directorios, sitio web de la empresa, sitios del sector, memorias, etc.

2. Seguido de identificar los contactos de cada empresa debemos identificar los diferentes roles e intereses en el proceso de compra, como: *gestionar, autorizar y usar* el producto y/o servicio que vendes.

   a. Por ejemplo, supongamos que vendes un software de mantenimiento los distintos roles que se pueden identificar son:

      i. *Los usuarios* serán los ingenieros, técnicos y operadores del área de mantenimiento, los cuales validarán técnicamente el producto.

      ii. *Los gestores* son los encargados que se ejecute el proceso de adquirir el producto o servicio por el área de compras, el cual para nuestro ejemplo tiene un analista de compras, un jefe de compras que gestionan todo el proceso de compras. Adicionalmente a los gestores podemos agregar el área legal que revisará el contrato o acuerdo entre las partes.

iii. *El Gerente del Área, en otros casos el CEO o Directorio,* tomará la decisión de si se avanza con la compra del producto y/o servicio.

3. Luego de haber identificado los diferentes contactos y roles dentro de la empresa, a través de análisis, investigación, y de una o más reuniones con ellos, deberás conseguir un *Patrocinador* que pueda internamente impulsar la compra de tu producto o servicio. Esta será la persona que te ayude a convencer al resto de la empresa respecto a los beneficios y virtudes de tu producto o servicio.

La clave para conectar con los clientes

Para explicar el concepto de conectar con los clientes, voy a compartir una historia que me ocurrió durante un viaje de prospección, correspondiente a las primeras reuniones para avanzar en el proceso.

Hace tiempo atrás me tocó realizar un viaje de prospección inicial con un vendedor que llevaba muchos años en el mundo de las ventas consultivas y muy avezado en el área, que llamaremos para este relato *David*, una de las cosas que me llamo profundamente la atención del trabajo de *David* fue que en todas las reuniones iniciales que sostuvimos con cada una de las empresas del sector, éstas terminaban con una nueva oportunidad de venta, al cierre de la reunión, se realizaban los intercambios de teléfonos y un abrazo de cierre.

Estaba sorprendido de todo el proceso que había visto estas semanas durante el viaje, el cual consistía en una presentación de las funcionalidades del producto muy corta o nula en algunos casos, pero por otra parte una charla amena y extensa de las **necesidades y beneficios** que conseguiría el futuro cliente, mezclada con temas no directamente relacionados con el producto que vendíamos, sino con los **sentidos y temas más sociales** del cliente.

Durante el viaje le dije a *David*: *"...he cambiado mi percepción de eficacia en el proceso de ventas, si nuestras reuniones iniciales no crean una primera conexión con el futuro cliente, entonces no avanzamos al siguiente paso"*, me miro y se rio amablemente por el comentario.

Finalmente, el viaje termino con todas las reuniones de prospección con un intercambio de teléfonos y un 90% de clientes potenciales (leads) dispuestos a avanzar en el proceso de venta. Fue un resultado extraordinario y reforzó el valor de conectar con los clientes a un nivel más profundo.

Para entender el proceso de *David*, un día durante el viaje le pregunte, ¿cuál es la clave para conseguir captar la atención de los clientes para que avancen luego de la primera reunión en el proceso?, y él me responde:

" *...cada persona tiene aficiones e intereses distintos, algunos les gustan los deportes, otros la tecnología, otros la familia y algunos se emocionan con generar nuevos negocios, etc., si tu logras determinar previamente o durante la reunión como conectar con el cliente en algunos de estos ámbitos de su vida fuera del producto o servicio que estás tratando de vender, lograrás ganarte de la* **confianza y empatía** *avanzar en el proceso para que te cuente sus reales necesidades, nunca en esta primera reunión hables de precios ni la forma como se cerrara el contrato.*"

Luego me continúo diciendo: "*La clave de todo el proceso es, al inicio de las reuniones cuando todavía no se ingresa en el foco principal de la reunión es presentarse y lanzar alguno de los temas que le pueden interesar al futuro cliente, en función de la reacción del cliente vas analizando sus intereses y preocupaciones, es un poco de empatía y experiencia con diferentes tipos de clientes*".

Esta es la siguiente cosa importante que aprendí de las ventas:

"Empatizar, conectar con las emociones del futuro cliente y ganarse su confianza es clave para avanzar en el proceso de ventas, sino logras esa conexión y confianza no vendes".

En el siguiente capítulo seguiremos ahondando en el tema de la confianza, dado que es relevante para preparar la venta.

Experiencia previa en Ingeniería para vender

Aunque no lo creas, mi experiencia previa en el área de la ingeniería, específicamente en la resolución de problemas complejos resulta de mucha ayuda en este nuevo rol, dado que pasas de resolver **problemas técnicos y de ingeniería a resolver problemas sobre situaciones reales del negocio** para tus futuros clientes, con el objetivo de entender el problema central que le aqueja y sus necesidades, además de analizar como tu producto o servicio puede ayudarle.

Otro factor importante por desarrollar, fueron mis habilidades blandas y sociales, incluyendo **autogestión, liderazgo, flexibilidad, comunicación asertiva y empatía** para ponerse en el lugar de tu futuro cliente y entender sus necesidades desde su perspectiva.

Finalmente, dada la experiencia previa en el área de ingeniería, uno puede rápidamente entender y comprender técnicamente el producto y/o servicio que estás vendiendo para preparar la venta dirigida a tu futuro cliente.

Habilidades sociales

Cómo comentaba previamente fue necesario trabajar fuertemente en mis habilidades sociales las cuales en este rol resultan claves para las ventas, con el paso del tiempo me di cuenta, que para lograr el éxito es necesario dominar estas habilidades, entendiendo por tales las habilidades que te permiten lograr socializar con personas desconocidas, y posteriormente establecer un vínculo de confianza suficiente para que confien en ti y posteriormente compren el producto y/o servicio que vendes dado los beneficios que obtendrán.

Las habilidades sociales que es necesario cultivar y fomentar son:

o **Escuchar** de manera asertiva.

o **Empatizar** (ponerse en el lugar de tu futuro cliente) con el objetivo de generar confianza.

o Estar dispuesto a **negociar** todas las objeciones y necesidades del cliente futuro.

o **Colaborar** con tu futuro cliente en buscar beneficios que le permitan comprar.

o **Comunicar de manera clara y simple los temas,** previo, durante y posterior al proceso de venta.

o **Liderar** el proceso de venta, tanto al interior de tu organización como de cara a tu futuro cliente.

o **Gestionar y Resolver** todas las objeciones y respuestas negativas hasta conseguir la venta.

o Generar relaciones de **confianza y ser transparente** sobre los beneficios, el alcance del servicio y limitaciones de tu producto o servicio.

Ilustración 25 Habilidades sociales

Usar los sentidos por sobre la lógica para vender

Una cosa que aprendí durante muchas iteraciones del proceso de venta con diferentes clientes es que ellos (los clientes) no compran de manera lógica, sino porque algo de tu producto y/o servicio que le satisface sus necesidades y conecta con sus sentidos y les *aumenta su nivel de confianza* y disminuye su *incertidumbre*.

Por ejemplo, un cliente tiene un problema en su área entrega de pedidos el cual tiene contratado con su operador logístico, esto le genera un problema todos los meses para conciliar la información interna y externa para presentar los resultados del mes que acaba, esto le genera una ansiedad y nivel de stress importante mes a mes al no entregar resultados correctos y sin errores a la dirección de la empresa.

Cómo propuesta el vendedor le propone un sistema que automatice el proceso de conciliación de manera diaria, con detección y corrección de errores, esto le permitirá obtener reportes en cualquier momento del mes y presentar resultados a la dirección, por otro lado, le permite bajar su ansiedad y nivel de stress.

Este ejemplo, muestra cómo se propone resolver un problema del negocio, pero además incluye un componente adicional, que es disminuir el nivel de estrés del futuro cliente al entregar datos e informes más exactos mes a mes.

Finalmente, siempre es importante recordar que la venta consultiva se basa en generar **una relación de confianza entre seres humanos en este caso entre tú cómo vendedor y tu futuro cliente**, independientemente que vendas servicios o productos innovadores o de tecnologías de vanguardia.

¿Cómo Generar confianza con tu futuro cliente?

Cómo comentaba previamente, un punto fundamental en las ventas consultivas es generar confianza, empatía y credibilidad en el futuro cliente, la pregunta que me hice fue:

¿Por qué generar confianza, empatía y credibilidad es tan importante para vender?

La respuesta fue, si el cliente no confía en ti o en lo que le estas ofreciendo para satisfacer su necesidad, primero no compartirá su problema principal ni la información de su empresa contigo, y seguido no comprará el producto o servicio que ofreces, por lo que resulta fundamental poder ganarse su confianza para avanzar en el proceso.

Y lo segundo es empatizar con los problemas y necesidades de tu cliente, sino te pones en el lugar de tu futuro cliente para entender sus problemas y necesidades, seguramente no lograrás comprender su problema central no avanzará en el proceso.

Nota: *Una de las cosas que aprendí sobre la marcha acerca de este tema es que si no puedes conectar, empatizar y generar confianza con cada futuros clientes, finalmente no lograras vender a ningún de los posibles prospectos, esto es unos de los elementos clave para avanzar en las ventas consultivas.*

¿Cómo crear relación de confianza con tu futuro cliente?

La pregunta que uno se hace luego es ¿cómo crear una relación de confianza y empatía con tu futuro cliente? y la respuesta no es simple, pero puedes generar acciones concretas que te permitan conseguirlo, dado que el futuro cliente no te conoce y no confía en ti al inicio del proceso:

o Mostrar tu voluntad a **ayudarlo a resolver el problema** independientemente del producto o servicio.

o El futuro cliente debe verte cómo un **experto en el área y/o sector** donde vendes, por lo que deberás poder resolver todas sus dudas referentes al producto y/o servicio, su uso, beneficios y el impacto en el área de atención.

o Ayudarlo a **mostrar los beneficios** que se obtendrán al resolver el problema usando el servicio o producto de forma clara y detallada para que el futuro cliente pueda defenderlos internamente en la empresa.

o **Ofrecer una prueba piloto gratis y** sin costo para que el cliente valide los beneficios y resuelva sus problemas y necesidades al usar el servicio o producto en un tiempo acotado.

o **Cumplir con tus promesas**, por ejemplo, le has prometido que les vas a regalar un mes de servicio gratis, o le agregarás un módulo nuevo con un descuento del 20% los primeros meses.

o **Visitas a tus clientes actuales**, estas visitas generan confianza en el futuro cliente, dado que otro cliente está usando el producto o servicio, y puede comentar su experiencia de compra, uso y posventa, de manera independiente a tu relato.

Finalmente, si el cliente percibe o siente que no le estás ayudando a resolver sus necesidades o problemas, y el producto o servicio no cumple con sus expectativas internas del beneficio que le debería aportar, no avanzará en el proceso de venta.

¿Cuántos futuros clientes contactar durante la prospección?

Cómo hemos analizado previamente la prospección es un tema clave para avanzar en el proceso de venta y determinar la cantidad exacta de clientes a contactar durante esta etapa es un tema preponderante.

Dicho análisis estará determinado por varios factores que enumeraremos y analizaremos en los capítulos posteriores:

- o Calidad de los prospectos priorizados según el perfilamiento
- o Tasa de cierre de ventas

Considerando estos factores es necesario definir un rango de futuros clientes a contactar que luego seguirán en el proceso de ventas para lograr cerrar su venta.

Por ejemplo, para lograr una cantidad de 10 ventas y si cuentas con una tasa de cierre del 10% aproximadamente, necesitaras contactar a lo menos 100 prospectos para lograr la meta, bajo el supuesto que todos los prospectos contactados cumplen con la priorización de calidad y perfil que hemos definido previamente.

Acuerdo de confidencialidad

Durante la etapa de prospección, me ha tocado casos en que futuros clientes deciden avanzar en el proceso, pero con la condición inicial de firmar un acuerdo de confidencialidad de la información. Sino está firmado el documento por ambas partes no avanzan en el proceso.

Por lo anterior, siempre es importante contar con un acuerdo de confidencialidad tipo a mano para enviarlo al futuro cliente que lo requiera.

Capítulo 5: Preparar la venta

hora que ya tenía claro a quien debía vender el producto y/o servicio y cómo era el mercado que iba a vender, era la hora de preparar los elementos que me permitirán mostrar y presentar el producto y/o servicio a los futuros clientes de forma correcta.

Las claves para desarrollar de buena forma este paso del proceso de venta son detectar y entender de forma temprana cuáles son las *necesidades y problemas del cliente* y su prioridad para resolverlas.

Dado que, en función de entender esta problemática, será más efectivo preparar una propuesta acorde a sus necesidades y tendrás más control de todo el proceso de venta.

Por lo que cuando generes la propuesta le permitirá al futuro cliente percibir de mejor forma el valor de tu solución y los beneficios posibles de lograr con el uso del producto o servicio que estas ofertando.

Alinea sus necesidades con tu oferta, aumentando su comprensión y receptividad para avanzar en el proceso de venta.

No vendas funcionalidad, resuelve problemas.

Un tema relevante en el punto de preparar la venta es que a los clientes les desagrada cuando un vendedor trata de vender un producto o servicio que no necesita o no cumple con los beneficios que promueve.

Por este motivo es relevante poder comprender cual es el **problema y necesidad central** que se busca resolver el prospecto. Este punto es clave en el proceso de venta consultiva, para determinar el ensamble justo entre el producto y/o servicio que deseas vender y la necesidad del futuro cliente.

Siempre cuando inicies el proceso de venta con un futuro cliente, él debe sentir que este proceso es *personalizado para él,* incluido el producto y/o servicio que le estas ofertando, que sienta que está siendo valorado por ser el cliente y no que es una transacción más de tu empresa. Esto podría incluir la personalización del producto y/o servicio que ofreces para satisfacer sus necesidades y preferencias únicas.

El objetivo en esta etapa es conseguir preparar una presentación, demostración o piloto que se focalice en poder ayudar al futuro cliente a resolver su problema o necesidad central, sin que éste perciba que buscas solo vender el producto o servicio por todos los medios. En su lugar, hay que centrarse en aportar valor y abordar sus retos específicos

Entender las necesidades

Cómo he comentado el entender las necesidades y el problema central son elementos esenciales en esta etapa y para seguir avanzando en el proceso.

Para lograr entender las necesidades y problema central, lo primero es establecer un **vínculo de confianza y empatía** (como hemos revisado en el capítulo anterior) que permita lograr analizar las necesidades de tu futuro cliente detectando el **problema central** que busca resolver, y como tu producto o servicio le puede ayudar a resolverlo y obtener los beneficios con el uso de este.

El problema central puede estar encubierto entre todas las necesidades y problemas secundarios que el futuro cliente tenga en sus temas por resolver.

Uno de los factores primordiales para el éxito en el proceso de venta, es entender el **problema central**, y sobre este problema plantear soluciones y exponer beneficios por resolverlo con tu producto o servicio. Estos factores serán clave para que el futuro cliente tome la decisión de seguir avanzando en el proceso de venta.

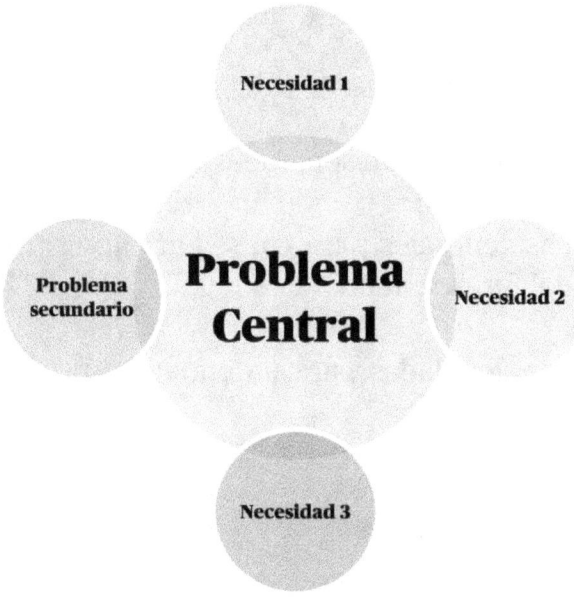

Ilustración 26 Esquema del problema central

¿Que preguntar para entender las necesidades?

Está pregunta me hice para lograr entender las necesidades y problema central del cliente, luego de muchas reuniones y de no conseguir las necesidades reales, me di cuenta de que durante cualquier interacción que tengas con el futuro cliente es importante realizar preguntas asertivas que te permitan obtener la información que buscas, complementando con escuchar activamente para determinar que le *preocupa resolver, sus necesidades y el problema central,* dado que estos temas son el eje central para lograr avanzar en la venta.

Algunas de las preguntas que empecé a realizar a los futuros clientes durante las reuniones, entrevistas y presentaciones las detallo a continuación.

Estas preguntas están separadas en dos tipos:

- o Las generales para conseguir capturar la atención del futuro cliente

- o Las detalladas para entender en profundidad sus necesidades.

Preguntas Generales

- ¿Cuáles son las motivaciones principales para conversar acerca de nuestro producto y/o servicio hoy?

- ¿Qué buscan conseguir o entender hoy al revisar nuestro producto o servicio?

- Desde donde están hoy (desde su situación actual), ¿Dónde y cómo desean estar para mejorar al resolver sus problemas?

- ¿Qué temas les gustaría se abordarán para que se logré el objetivo de esta reunión?

Estas cuatro primeras preguntas son abiertas y buscan que el prospecto se explaye en lo que buscan, en qué situación están hoy respecto a sus necesidades, problemas y que buscan lograr al resolver estos temas en el futuro. Estas respuestas permiten tener una visión amplia de cómo poder ayudarlos.

Posteriormente usando las preguntas detalladas que se muestran a continuación, puedes ahondar en los problemas y necesidades para ir acotando el alcance del problema e ir analizando las posibles soluciones que se pueden plantear.

Preguntas Detalladas

- Podría describir la situación que le genera el problema o necesidad que busca resolver.

- ¿Hace cuanto tiempo que se genera la situación que le genera el problema o necesidad que busca resolver?

- Desde su perspectiva se puede separar o desagregar la situación en más de un problema o necesidad que la genera.

- Desde su visión de la situación, ¿cuál de todos los problemas descritos es el más importante de resolver hoy en día?

- ¿Qué departamentos o áreas de la empresa son las que se ven afectadas por la situación descrita previamente?

- ¿Cuál es la periodicidad de ocurrencia de la situación?

- ¿Que impactó y consecuencias tiene en el negocio no resolver la situación descrita previamente?

- ¿Qué nivel de urgencia o prioridad tiene para resolver esta situación?

- ¿Que impactó directo le genera este problema o situación en su trabajo diario?

- ¿Podría usted tomar la decisión directamente de resolver el problema o necesita aprobación de alguien más o una licitación?

Nota: *Cuando realices estas preguntas toma nota de cada una de ellas y no interrumpas a tu futuro cliente cuando este respondiendo.*

A continuación, muestro un esquema de posibles tópicos a identificar en las reuniones que sostendrás con tu futuro cliente:

o Problemas
o Necesidades
o Interesados
o Tomadores de decisión
o Patrocinador
o Problema central
o Necesidades prioritarias
o Roles en la organización

Este esquema resumen puede irse ajustando en función de cada una de las reuniones que sostengas con el futuro cliente y servirá de base para preparar una propuesta más ajustada al futuro cliente.

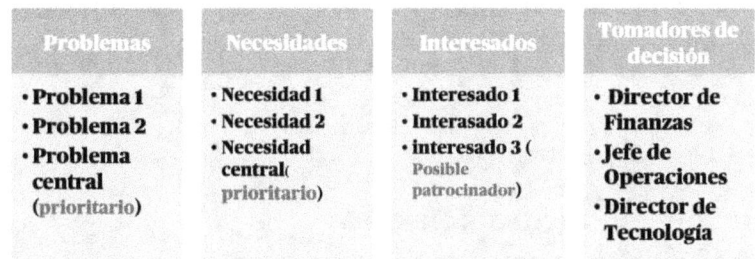

Problemas	Necesidades	Interesados	Tomadores de decisión
• Problema 1 • Problema 2 • Problema central (prioritario)	• Necesidad 1 • Necesidad 2 • Necesidad central(prioritario)	• Interesado 1 • Interasado 2 • interesado 3 (Posible patrocinador)	• Director de Finanzas • Jefe de Operaciones • Director de Tecnología

Ilustración 27 Esquema para entender al futuro cliente

¿Qué hacer cuando un cliente no puede definir sus necesidades?

En ocasiones me ha tocado futuros clientes que no logran saber que tienen un problema específico, pero perciben el problema a nivel de los resultados finales que obtiene, por ejemplo, el prospecto sabe que tiene un problema en la producción y que no logra cumplir las metas exigidas por los accionistas de la compañía, pero no ha logrado identificar el problema central o raíz que lo aqueja en la producción. Por lo tanto no logra identificar el problema central solo percibe los síntomas en el resultado final.

En este escenario hay que tomar un rol activo cómo si fueras un *consultor experto en la industria* en la que estas vendiendo, para ayudarlo a encontrar y diagnosticar el problema central, con el objetivo posterior de convencerlo de que se puede resolver el problema con tu producto y/o servicio, y además obtendrá los beneficios que le permitirán cumplir con las metas que le exigen en un tiempo determinado.

Nunca fijes el Precio al inicio

Este tema es relevante, dado que algunos futuros clientes te preguntarán por el precio del producto o servicio antes de comentar sus problemas, incluso sin señalar ni detallar lo que buscan resolver.

Está situación genera una serie de inconvenientes en la venta consultiva y en el proceso de venta en general, dado que, al no haber identificado la necesidad ni el problema central, no se tiene claridad de la solución a brindar, el alcance del servicio y/o producto que necesitas ofertar al futuro cliente.

Por lo que, cuando un futuro cliente te pida el precio al inicio de todo el proceso, es mejor ser transparente y comentarle que el precio dependerá de sus problemas y necesidades para poder determinar el correcto producto o servicio asociado a la solución que necesita. Si el futuro cliente insiste en que le des un precio aproximado cuando aún estás tratando de entender sus necesidades y problemas, puedes darle una estimación aproximada, pero insistiendo en que puede variar en función de la solución final. Posterior a entender las necesidades y el problema central, podrás pasarle una propuesta de valor con la solución, los alcances, los beneficios y el precio ajustado de está.

¿Cómo conectar con las necesidades?

Como hemos comentado en este proceso de preparar la mejor propuesta para el cliente es importante entender en detalle cuales son *las necesidades y problemas* del cliente y su real impacto al corregir estas para el negocio.

Cuando ya logré obtener un listado de necesidades, lo segundo que hice fue priorizar las necesidades en función de la importancia que el cliente le asigné para su negocio. Luego de este proceso, recién estaba en condiciones de preparar una propuesta de valor y asociar el producto o servicio que comercializaba con la solución que cubría de forma total o parcial las necesidades de mayor a menor prioridad, y que finalmente le permitía obtener los beneficios propuestos.

Para este proceso de priorización se puede generar el siguiente listado de necesidades y beneficios:

Necesidad	Funcionalidad	Beneficio	Cobertura producto y/o servicio	Prioridad
Necesidad 1	Funcionalidad A y B	Aumento de ventas	60%	Alta
Necesidad 2	Funcionalidad C y D	Baja en rechazos	90%	Media
Necesidad 4	Funcionalidad D	Aumento de productividad	100%	Media
Necesidad 3	Funcionalidad G	Disminución de retrabajo	80%	Baja

Ilustración 28 Análisis de las necesidades

Adicionalmente en función de esta priorización se pueden ordenar las necesidades de la siguiente forma, con el objetivo de cubrir las necesidades de mayor prioridad en una primera instancia en la propuesta (dado que le brindarán el mayor beneficio al futuro cliente) y así ir avanzando con las restantes.

Necesidad 1

Necesidad 2

Necesidad 4

Necesidad 3

Ilustración 29Esquema de priorización de las necesidades

Define la ruta del futuro cliente

Durante todas las interacciones con el futuro cliente, mi recomendación es siempre ser muy transparente y claro para explicarle cómo continua el proceso de venta.

Para este proceso lo mejor que puedes hacer es definir una hoja de ruta para cada prospecto o cliente potencial que ingresa al proceso de venta, con el objetivo de lograr motivarlo a comprar. A continuación, detallo algunos ejemplos de rutas definidas para distintos clientes potenciales:

- o Contacto inicial- Demostración del producto o servicio- Propuesta- Negociaciones y Cierre.

- o Contacto inicial - Demostración del producto o servicio -Piloto- Visita a clientes actuales (a demanda) -Propuesta - Negociaciones y Cierre

- o Contacto inicial - Demostración 1 - Propuesta1- Negociación1- Demostración 2 - Propuesta 2- Negociación 2 y Cierre

- o Algunas otras variantes de las anteriores.

Cada una de estas opciones y otras que se generen dependerán del tipo de cliente, sus motivaciones y prioridades, y finalmente los pasos del proceso de venta deberán estar alineados con los definidos en tu empresa.

De igual forma siempre es altamente recomendable que el proceso sea lo **más simple y rápido** para lograr el éxito en la venta. Es decir, sea un *proceso ágil* que permita dar una buena experiencia de compra al futuro cliente.

La confianza y empatía como tema central en la venta de servicios consultivos

Un tema importante que descubrí con el paso de los procesos de *venta de servicios* es que la complejidad del proceso de venta aumenta respecto a la venta de un producto y dado, además, que es una venta de un intangible.

En los procesos de venta de servicios resulta fundamental ganarse la **confianza y empatía del cliente** mostrando un vasto conocimiento de **consultor experto** en el sector en el que estas vendiendo. Debes además, demostrar conocimiento consultivo del área que estas vendiendo, para ayudarlo a entender sus necesidades, con excelente comunicación para explicarle claramente los beneficios tangibles e intangibles que obtendrá al usar tu servicio. Todo lo anterior apoyado por los casos de éxitos y entrevistas con los actuales clientes que están usando o usaron tu servicio.

Mapa de interesados

Una de las cosas que me ayudó a entender a los interesados es lo que llame *el mapa de interesados*, dado que puede ser un elemento bastante útil para visualizar el interés de los diferentes roles en la empresa cliente para avanzar en el proceso de venta, y luego de un par de interacciones y reuniones con los diferentes roles de la empresa tendrás una primera aproximación bastante detallada de cada uno de los interesados.

Con el tiempo, este proceso le permitirá adquirir una valiosa perspectiva de la dinámica y las necesidades de la organización del cliente en su conjunto.

El objetivo de contar con este mapa es tener una visión rápida de donde es necesario poner foco con los diferentes interesados para lograr avanzar en el proceso de venta. El mapa se va ajustando durante el proceso de venta en función de tus interacciones con los distintos interesados.

Este mapa considera cuatro visiones de los interesados para avanzar en el proceso de compra:

○ **Motivados a comprar**

En esta área encontramos a todos los interesados que están convencidos de que la solución y los productos y/o servicios les pueden ayudar a resolver sus problemas y además obtendrán los beneficios. Adicionalmente, en esta área es posibles encontrar los candidatos a patrocinadores de nuestros productos y/o servicios.

○ **No convencidos de comprar**

En esta área encontramos a los interesados que tienen alguna objeción para avanzar en algún ámbito, por ejemplo: la solución, funcionalidades, el precio, los beneficios, condiciones, etc.
Este grupo es el foco inicial de tu proceso de venta para lograr saltar las objeciones.

○ **Indiferentes al proceso de compra**

Este grupo de interesados no tiene ninguna posición al respecto dado que no tienen relación directa con la compra. Este grupo no es el foco de inicial de tu proceso de venta.

○ **En contra de comprar**

Este grupo de interesados es el que bloquea el proceso de venta, el objetivo es averiguar las causas para no avanzar, las cuales pueden ser por motivos técnicos, monetarios, de negocios, tiempo, o que la compra los afecta de forma directa o indirecta.

A continuación, se muestra un ejemplo de un mapa de interesados.

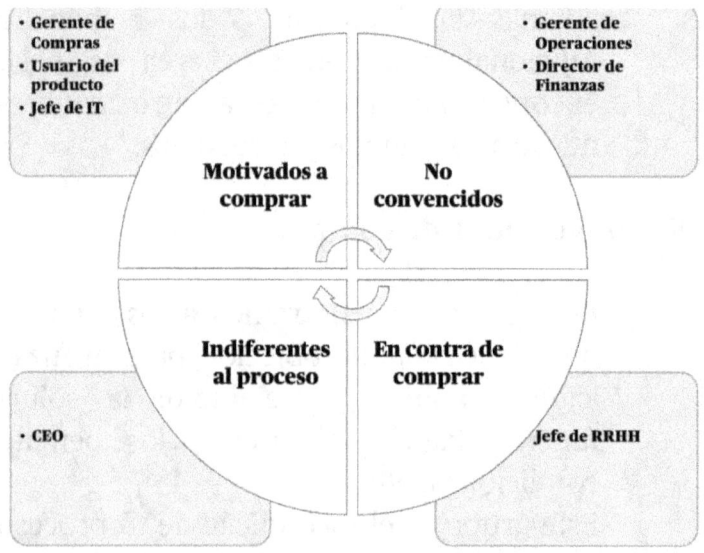

Ilustración 30 Mapa de interesados

Motivaciones de los interesados

Otra perspectiva que complementa el mapa de interesados y que puede ayudar a entender a los interesados en profundidad, es el análisis de cada rol dentro de la organización, la **motivación** propia de cada interesado respecto a la compra del producto y/o servicio.

Según mis investigaciones puedes encontrar diferentes motivaciones cómo, por ejemplo:

- o Motivado por los procesos
- o Motivado por los resultados, ingresos y costos
- o Motivado por las personas
- o Motivado por la funcionalidad del producto o servicio
- o Motivado por los beneficios monetarios y no monetarios
- o Otras

A continuación, se muestra el esquema de las motivaciones.

Ilustración 31 Esquema de motivación de los interesados

Las motivaciones dentro de la organización permiten buscar respuestas a cada una de las objeciones que tiene cada rol para avanzar en el proceso de venta, por ejemplo:

o **Procesos**: Entender cómo el producto o servicio mejora el proceso en el cual existe el problema.

o **Personas**: Mostrar los efectos positivos en las personas por el uso del producto o servicio.

o **Funcionalidades**: Detallar las funcionalidades clave que le pueden servir a los futuros usuarios.

o **Beneficios**: Detallar los beneficios que obtendrían con el uso del producto o servicio tanto monetario cómo no monetario.

o **Ingresos y Costos**: Detallar cuáles serán los ingresos y costos por el uso del servicio o producto en el tiempo.

Si uno logra entender cada una de estas objeciones puede proponer y aclarar soluciones que permitan desbloquear el proceso de venta.

Identifica tu audiencia

Uno de los temas relevantes de averiguar previo a participar en cualquier reunión del proceso de venta, es identificar qué tipo de perfiles estarán en la reunión, dado que en función de esta definición puede cambiar el foco, contenido y estilo de la reunión.

Estas audiencias pueden categorizarse de diversa forma cómo, por ejemplo:

- o   Audiencia técnica

- o   Audiencia no técnica, comercial, etc.

- o   Ambos

En función de esta primera definición deberás preparar tus reuniones, dado que el foco, los temas y preguntas pueden variar, en función del perfil que participe en ellas.

Audiencia Técnica

La audiencia técnica estará focaliza en conocer la funcionalidad y detalles de cómo resolver los problemas y necesidades a través del producto o servicio.

Audiencia No Técnica y Tomadores de decisión

La audiencia no técnica estará interesada en los beneficios inmediatos y futuros del uso del producto o servicio y su impacto en los ingresos, costos y resultados de la empresa para resolver los problemas y necesidades que hoy tienen desde el punto de vista financiero.

Preparación de la Presentación

Una de las áreas que es relevante de desarrollar es la **comunicación asertiva** con los futuros clientes y para esto es imprescindible preparar una presentación que logre este objetivo.

Algunas preguntas que te permitirán entender si está bien estructurada y logrará el objetivo que buscas son las siguientes:

¿Qué?:
  o ¿Qué buscas lograr con la presentación del producto y/o servicio?

En general para esta respuesta debes **buscar el objetivo principal que deseas transmitir** y no cubrir más de **dos tópicos centrales** para lograr focalizar la reunión. por ejemplo, mostrar beneficios, descubrir el problema central, avanzar en el cierre del proceso de venta, mostrar funcionalidad del producto más beneficios, o demostraciones más casos de éxito.

Si mantiene la presentación centrada en estas áreas clave, podrá captar la atención de la audiencia e impulsar la reunión hacia la consecución de los resultados deseados.

¿Quién?:

○ ¿Quiénes participarán en la reunión?

La respuesta debe estar en función del perfil de cada participante (técnico, comercial, financiero, etc.) y su rol en la organización (usuario, jefe, gerente, tomador de decisión, etc.).
En función de esta definición cambiará el contenido de tu presentación como analizamos previamente.

¿Por qué?:

○ ¿Por qué es importante comprar el producto o servicio desde el punto de vista del futuro cliente?

Esta pregunta es relevante dado que conecta la **necesidad y problema principal con los beneficios del producto y/o servicio.** Los beneficios deberán soportar el motivo de la compra, por lo que tu presentación deberá reforzarlos.

Preparar el guion del relato

Cuando realizaba cualquier presentación me acostumbre cómo elemento primordial a preparar un relato de ésta, dado que es un elemento clave para lograr la conexión con la audiencia y generar confianzas, por lo que preparar un guion del relato con temas relevantes a comentar sobre todo en las primeras reuniones, presentaciones y demostraciones del producto resulta crucial para encaminar el proceso.

Este tipo de guion permite una narrativa cohesiva que comunica eficazmente la propuesta de valor y conecta con la audiencia, captando su atención y generando un compromiso significativo.

Este guion deberá incluir algunos temas claves como:

- **Problemas y necesidades principales** que resuelve el producto o servicio.

  - No poder despachar un pedido.
  - Cierre de balance mensual automático.
  - Automatiza el análisis y tipificación de clientes.
  - Etc.

- **Beneficios**

  - Reduce horas extras en un 5% al 20% en un periodo de un mes.
  - Mejoras tiempos de espera en un 7% al 10% en el transcurso de un trimestre.
  - Aumenta las ventas en un rango de 6% al 25% al año.
  - Mejora la producción un 5% cada semestre.
  - Etc.

- **Funcionalidades claves**

- Gráfico de horas trabajadas vs horas improductivas generados en tiempo real.
- Envío inteligente de correos a los clientes con su boleta.
- Algoritmo de clasificación automática de información para mejorar la producción.
- Etc.

Narrar Historias

Narrar historias para mí fue todo un desafío y en general esta habilidad no es innata en muchos de nosotros, pero en ventas es muy relevante a la hora de vender.

Para ahondar en este punto definiremos algunas de los temas que debes abordar en la historia como por ejemplo:

○ Convencer a tu futuro cliente de que tu producto y/o servicio cubre sus **necesidades y resuelve sus problemas a un valor razonable, sin haber desarrollo ni implementado nada previamente.**

○ Convencer que generará los **beneficios** que señalas en un tiempo determinado.

○ Que tu producto y/o servicio tiene uno o más elementos que lo **diferencian** de la competencia

- o **Convencer y negociar las condiciones** para que lo adquieran o arrienden en un tiempo acotado.

Para mostrar cada uno de estos elementos a tu futuro cliente, es necesario enmarcar dichos elementos en una **historia y narrativa** que cubra, por ejemplo:

- o **Detalles de cómo el producto se creó** para cubrir las necesidades expuestas, cómo nació, evolucionó y se lanzó al mercado.

- o **Ejemplos de casos de éxitos con clientes** que tenían las mismas o similares necesidades y que beneficios lograron con el uso del producto o sistema.

- o Las **particularidades** que diferencian el producto o servicio de la competencia en un escenario de casos reales con clientes. Para conseguirlo, puede presentar estudios de casos reales y mostrar cómo la solución ofertada ha tenido un impacto positivo en los clientes.

- o Lograr **empatizar con tu futuro cliente a través de la historia que comentas,** para que se sienta identificado con los problemas y necesidades que él tiene y que se reflejan en la historia.

- o Por último, la historia debe **llamar a la acción** para que el futuro cliente avance en el proceso de venta.

Para contar acerca del producto o servicio es mejor contar una *historia con los conceptos, lo más simple y cercano al vocabulario del cliente* para que no pierda el foco en la presentación y en el contenido de esta.

De mis iteraciones en el proceso de venta, he podido concluir que para construir una historia debes contar con al menos tres elementos claves:

- o Un caso de éxito
- o Una parte visual que explique los problemas y necesidades que resuelves y cómo.
- o Una narrativa que inicie con un problema, alguna anécdota si es posible, la solución al problema, los resultados y beneficios obtenidos al final de la historia.

Ilustración 32 Componentes de una historia

Durante tus narrativas con el cliente, necesitas encontrar alguna necesidad y problema a resolver que te permita mantener la conexión con la historia y atención del cliente con tu producto y/o servicio.

La historia debe generar una *comunicación transparente honesta y cercana* que generé impacto en el futuro cliente.

Las ventas exitosas se construyen en torno a historias reales y convincentes para formar fuertes **relaciones de confianza y empatía** con los futuros clientes.

Presentar los Beneficios

Un tema que aprendí con el tiempo es que al momento de presentar el producto y/o servicio es clave mostrar los beneficios obtenidos por los clientes, en situaciones reales, en términos numéricos y con plazos definidos, por ejemplo:

- o Aumento de ventas
    - o Incremento de 5% en ventas en un período de un semestre.

- o Ahorros en horas de personal
    - o Ahorro de 300 horas del personal para la operación en un mes.

- o Optimización de equipamiento
    - o Mejorar el uso del equipamiento para reducir el tiempo inactivo en un 20% al mes.

- o Aumento de producción
    - o Mejorar los tiempos involucrados en el proceso productivo, aumentando la producción en un 5% en el trimestre.

- ○ Reducción de desperdicio
    - ○ Reducción de desperdicio del proceso productivo, con un ahorro del 10% respecto al total de insumos ocupados en un semestre.

A través de estos ejemplos es posible mostrar los beneficios obtenidos por tus clientes en un tiempo determinado y con datos numéricos reales, y que sirven de base para aumentar la confianza en el producto y/o servicio.

Presentaciones efectivas

Otro tema fundamental es que cada presentación, siempre debe ser personalizada respecto a las necesidades específicas de tu futuro cliente y no genéricas. Dado que los primeros 5 minutos son claves para cautivar a tu audiencia, si vez que alguno está viendo su móvil o respondiendo correos en su computador durante la sesión o reunión, los has perdido y no has logrado conectar con el cliente.

Involucrar al público desde el principio es crucial para establecer una buena relación y aumentar las probabilidades de éxito.

Algunas ideas para realizar una presentación efectiva son:

- ○ Usa **lenguajes simples y directos** para explicar tu presentación.

o Usa **letras de tamaño grande** para que toda la audiencia puede verlos desde cualquier parte del auditorio o sala.

o El **tono y el lenguaje corporal** son clave para la buena recepción del mensaje de la presentación. Aumenta el tono para resaltar algún punto importante y detente un instante antes de comentar el tema relevante para fijar el mensaje en la audiencia.

o Parte de lo general a lo particular para explicar los temas de tu presentación. Con ejemplos prácticos y simples. Este enfoque ayuda a garantizar que todo el mundo pueda seguirte y comprender los conceptos que estás presentando.

o Una **idea o mensaje por lamina** de la presentación es clave para fijar el mensaje y no confundir con más temas, máximo dos a tres ideas principales para la presentación para que el público entienda y comunique eficazmente cada concepto.

o Busca que las presentaciones y demostraciones sean **interactivas** y pregunta a la audiencia por cada tópico que revises si existen dudas. Esto no sólo mantiene a la audiencia involucrada, sino que también le permite abordar cualquier preocupación o aclarar cualquier malentendido en tiempo real.

o **Parafrasea sus preguntas** y habla su lenguaje para generar conexión con los auditores.

o **No mezcles texto en párrafos pequeños con gráficos** o esquemas, dado que la audiencia se puede centrar en tratar de leer más que en escuchar y visualizar.

o Agrega esquemas y explicaciones simples con **una idea por esquema**. Utilice diapositivas concisas y visualmente atractivas que apoyen sus puntos principales.

o Soporta el mensaje o idea principal de la presentación **con historias del uso de la solución en otros clientes** o usuarios (con las recomendaciones revisadas previamente).

En la primera reunión, debes generar el interés mostrando los beneficios del producto o servicios que brindas, si el cliente le hace sentido alguno de estos con sus necesidades y problema central, es más probable que continúen en el proceso de venta.

Una estructura sugerida para una primera presentación inicial puede durar entre 15 a 20 minutos máximos, el resto del tiempo lo puedes usar para preguntar sobre las necesidades y problemas.

A continuación, detallo un esquema tipo sugerido para la presentación:

1. Presentar la empresa   (2 min)
2. Presentar el producto o servicio   (2 min)
3. Beneficios del producto o servicio   (5 min)
4. Funcionalidad para soportar beneficios   (5 min)
5. Casos de éxito   (2 min)

6. Próximos pasos   (1 min)

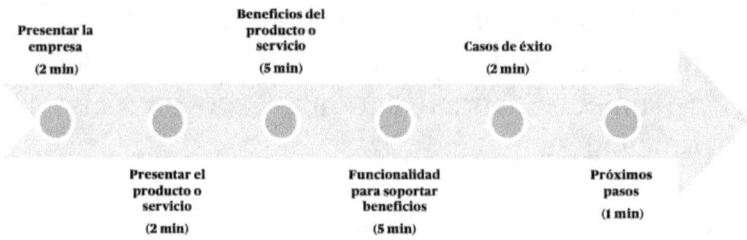

Ilustración 33 Orden de una presentación inicial

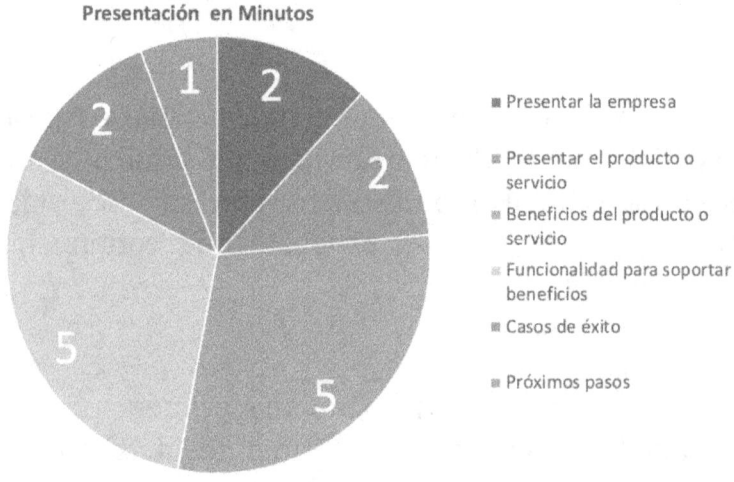

Ilustración 34 Esquema de tiempos de una presentación inicial

Nota: *Si recibes preguntas, en alguna de las secciones de la presentación, vas por el buen camino, dado que existe un interés por entender tu propuesta.*

Una cosa que aprendí con el correr de las reuniones con clientes durante los procesos de venta, es que en términos de contenido tu presentación debe ser **original para resolver el problema o necesidad**.

El futuro cliente debe sentir que tu producto o servicio le está aportando valor a su negocio.

Demostraciones

El primero punto para preparar la demostración es determinar el tipo de audiencia como vimos previamente, si la audiencia es técnica, de negocios, o una mezcla de ambas, dado que esto condicionará el tipo de demostración del producto o servicio.

Dado el tipo de audiencia prepara previamente tu demostración, valida los accesos, las conexiones (si es remota), los casos y ejemplos que mostrarás a la audiencia. Para elegir los casos a mostrar durante la demostración tendrás que usar la información que conseguiste en tu contacto inicial cómo base y algún otro caso que genere alto impacto y beneficios relevantes para el futuro cliente.

En toda demostración los primeros 5 min son claves para motivar a la audiencia, sino lo logras generar la curiosidad y necesidad de ver la demostración perdiste la ventana para que sigan tu relato.

Uno de los errores más grandes que cometía cuando me inicie en este tema de realizar una demostración eran:

o Mostrar una hora toda la funcionalidad del producto que quería vender y sin ningún beneficio.

- o A los 10 minutos el cliente se aburría y no avanzamos a la siguiente etapa del proceso de venta.

- o Al final no lograba la conexión con sus necesidades y problemas.

Si la solución propuesta más el beneficio se conectan con las necesidades y el problema principal, el cliente seguramente avanzará en el proceso.

Recuerda que en general, nunca un cliente ocupa el 100% de la funcionalidad de tu producto o servicio, en general será cómo muy alto un 40%, como pasa cuando contratas un seguro o una suscripción al gimnasio, lo importante en esta etapa es determinar cuál de todas las funcionalidades cubre sus necesidades y problemas.

Una estructura sugerida para una primera demostración es la siguiente:

1. ¿Qué es el producto o servicio de la Demo? (2 min)
2. Detalla el caso real a revisar (2 min)
3. Ejemplo de Beneficio (5 min)
4. Funcionalidad que soporta el beneficio (5 min)
5. Próximos pasos para avanzar (1 min)

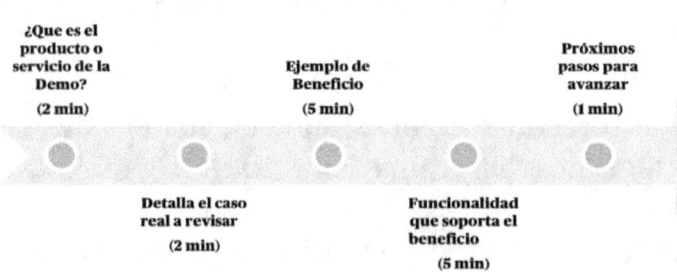

Ilustración 35 Esquema de tiempo de una demostración

Si ya has logrado determinar el problema o necesidad central del futuro cliente, deberás centrar la demostración en estas necesidades para lograr avanzar en el proceso de venta.

Una cosa que aprendí luego de realizar bastantes demostraciones es la siguiente:

" ... las Demostraciones deben mostrar más beneficios y menos funcionales, solo mostrar las funcionalidades claves que soportan los beneficios del producto y/o servicio que al cliente le podrían servir, y explicados en el lenguaje que usa cotidianamente".

Reuniones y Demostraciones Remotas

Cuando llegó la pandemia del coronavirus, se hizo imprescindible realizar reuniones y demostraciones remotas con los futuros clientes, por lo fue necesario revisar algunos temas adicionales previos respecto a cuando se realizaban de forma presencial.

El nivel de conexión con tu futuro es más difícil de lograr respecto a la forma presencial. Algunos de los temas importantes de revisar previamente a iniciar una reunión o demostración son:

1. Revisar la conexión a internet (calidad y alternativas si se está caída cómo uso de red móvil o alguna otra red)

2. Probar la conexión y calidad de tu micrófono y cámara de video.

3. La herramienta o software que usarás para la presentación

4. Que la cámara de video está en la posición correcta

5. Buscar un fondo neutro de tu computador, que no genere distracción.

Siempre es importante prender la cámara al inicio para que te vean y conozcan, además de pedir al futuro cliente que también la use durante la sesión, dado que puede ayudar a generar la conexión y confianza.

De esta forma notaras rápidamente durante la reunión si vas por el camino de generar la conexión para avanzar a través de la cámara de video y el audio.

Sigue con el ratón los temas que deseas mostrar, así la audiencia seguirá el movimiento hacia el tema y no perderá el foco.

Nunca interrumpas a la persona que está realizándote la pregunta, ni te muestres ansioso, aunque sepas desde ya la respuesta, deja que termine y luego responde pausadamente, pero con **entusiasmo, empatía y con energía para dialogar**.

Entable un diálogo con la persona y, si es necesario, hágale preguntas de seguimiento para asegurarse de que entiende perfectamente sus preocupaciones o necesidades.

Demostrando tu atención y entusiasmo, puedes fomentar un ambiente positivo y atractivo que promueva una comunicación eficaz y genere confianza en tu audiencia.

Durante las reuniones, presentaciones, demostraciones y pilotos pueden ser buenas instancias para identificar al patrocinador y los tomadores de decisiones para avanzar en el proceso de venta.

Buscando al Patrocinador

Un tema clave para avanzar en el proceso de venta con tu futuro cliente, es poder contar con un *patrocinador* dentro de la empresa en la cual deseas vender.

El role del **patrocinador** será el encargado de promover las necesidades existentes y los futuros beneficios de tu producto o servicio al interior de la empresa. Dado que él está de acuerdo con avanzar en la compra del producto o servicio, te podrá ayudar con la misión de convencer a los que aun dudan o están en desacuerdo en avanzar en la compra de tu producto o servicio.

Algunas preguntas que seguro estarás pensando:

1. ¿Quién dentro de la empresa puede ser el **Patrocinador** para tu producto o servicio?

   Para responder esta respuesta deberás empezar revisando algunos candidatos como, por ejemplo:

- o ¿Quién fue la primera persona que contactaste o te contacto para conocer el producto o servicio?
- o ¿Quién será tu futuro usuario del producto o servicio?
- o ¿Quién tomará o podría impulsar la decisión de compra al interior de la empresa?
- o ¿Cuál de todos los asistentes a las reuniones se notaba más convencido de avanzar en la compra?

Nota: *Es necesario considerar que un patrocinador que tenga el poder de decisión para la compra puede acelerar tu proceso de venta de manera exponencial, dado que no necesitarás subir en la estructura de mando para que compren tu producto o servicio.*

2. ¿Dónde y cuándo encuentro a mi ***Patrocinador?***

Como la respuesta a esta pregunta, podemos mencionar que el **Patrocinador** puede aparecer en cualquier etapa del proceso de venta, en una presentación, demostración, reunión inicial, piloto, revisión de propuesta, etc., pero solo se manifestará como tu patrocinador, cuando tenga la confianza en ti, en tu producto y/o servicio y entienda que los beneficios de tu producto pueden cubrir sus necesidades y problemas.

Pueden existir distintos tipos de patrocinadores, en función del poder de decisión interno que tengan para promover la compra del producto o servicio.

Los tipos de patrocinadores que puedes identificar al momento de vender estarán dados en función del tipo y tamaño de la empresa:

- o Dueño o socio de la empresa
- o Presidente del directorio
- o Vicepresidente
- o CEO
- o Director de Finanzas
- o Director de IT
- o Director del área usuaria del producto y/o servicio
- o Jefe o Usuario directo del producto o servicio
- o Proveedor actual de la empresa
- o Consultor externo a la empresa que ayuda en proceso de compra

Ilustración 36 Posibles patrocinadores

Esta lista es un ejemplo de posibles patrocinadores que puedes encontrar, pero no limitada en términos de perfiles ni roles.

Por otra parte, no es una obligación tener un patrocinador durante el proceso de venta, pero puede resultar fundamental para agilizar el proceso y mejorar tu tasa de conversión de venta.

Casos de éxito

Cómo comentamos previamente cuando revisamos el análisis del mercado, si tu producto es nuevo en el mercado objetivo deberás buscar empresas que buscan adoptar tecnologías vanguardistas y sean *innovadoras*, las cuales están dispuestas a corren el riesgo con tu producto y tecnología, dado que estos clientes será tus casos de éxito que ayuden a generar la confianza en los nuevos prospectos para comprar.

Este tipo de **prospectos innovadores** son los que estarán dispuestos a probar y correr el riesgo con tu producto y/o servicios para ser los primeros en el mercado. Estos primeros clientes serán tus casos de estudio para mostrarlo al resto de empresas que son más adversas al riesgo y lograr con ello avanzar en el proceso de venta al resto del mercado.

Mostrando las soluciones y beneficios de los *clientes innovadores* podrás a llegar a empresas y *clientes conservadores*, dado que éstos necesitan analizar todos los casos de éxito posibles y buscan que estos se asemejen a sus necesidades y problemas, esperando conseguir disminuir su incertidumbre y aversión al riesgo para que todo funcione bien de acuerdo con su visión previo a comprar.

La realización de visitas a los actuales clientes que usen las soluciones propuestas, son la forma más fácil y directa de mostrar los casos de éxitos, aumentando la confianza del futuro cliente en tu propuesta de solución, en ti y tu empresa.

Pilotos

En una venta consultiva en la mayoría de los casos será necesario *pilotear*, entendiendo por pilotear el realizar una demostración o prueba con datos reales del cliente introducidos al producto o probar el servicio en una parte o área de la empresa del futuro cliente.

En general, te puedo decir que de mi experiencia en los procesos de venta que me han tocado llevar a cabos es difícil vender sin que el futuro cliente pida probar los beneficios a través de las funcionales que ofrece el producto mediante un piloto o prueba.

Siempre la justificación para el piloto será una frase que toda empresa en algún minuto me ha mencionado:

"Nosotros somos especiales en el sector para hacer las cosas y no funcionamos igual que el resto del mercado, por este motivo nos gustaría probar si el producto y/o servicio se puede adaptar a nuestra realidad"

El futuro cliente en general busca probar el producto en su empresa con su gente y en su realidad antes de avanzar en el proceso. Los clientes suelen querer validar las funcionalidades y capacidades del producto en su propio entorno para así disminuir su aversión al riesgo, antes de comprometerse a comprar el producto.

Plan del piloto

El plan para realizar el piloto debe considerar un conjunto de fases o etapas mínimas para su correcto desarrollo y ojalá en el menor tiempo posible, dado que realizar cada una de las etapas del piloto es congelar el proceso hasta esperar los resultados y beneficios del producto y/o servicio para seguir avanzando en proceso de venta.

- o **Paso 0**: Definir plan y *criterios de aceptación* de los **resultados del piloto** (beneficios cuantificables) para el futuro cliente. Por ejemplo:

  - o Reducir tiempos de espera en un 5% respecto a los actuales en un mes calendario.

  - o Aumentar producción en un 7% por el uso del producto o servicio durante el periodo de realización del piloto de 2 semanas.

- o **Paso 1**: Levantamiento de datos de entrada del cliente.

- o **Paso 2**: Configuración del producto o servicio con los datos del futuro cliente.

- o **Paso 3**: Generar resultados iniciales usando el producto o servicio.

- o **Paso 4**: Iterar sobre las observaciones y ajustes usando la retroalimentación del futuro cliente para generar nuevos resultados que sean validados por el futuro cliente.

- o **Paso 5**: Mostrar los beneficios del uso del producto o servicio.

- o **Paso 6:** Cierre del piloto y llamar a la acción para continuar con el proceso de venta.

Paso 0	• Definir Plan y criterios de aceptación
Paso 1	• Cargar datos del cliente
Paso 2	• Configurar el producto o servicio
Paso 3	• Primeros resultados
Paso 4	• Iteraciones y ajustes
Paso 5	• Mostrar resultados Finales
Paso 6	• Cierre del piloto y Llamar a la acción

Ilustración 37 Esquema de un piloto tipo

El tiempo de duración de cada etapa y del plan en general dependerá del tipo de producto o servicio, y éste puede varias desde un par de días a meses, pero cómo mencionamos al inicio, mientras menor sea el tiempo más expectativas de avanzar se generan, al percibir un servicio ágil incluso en los pilotos.

Capítulo 6: Generar la Propuesta de Valor

E L objetivo de presentar la propuesta es poner en valor el servicio o producto que estas ofertando y poner en el papel todos los elementos diferenciadores de tu solución respecto a los competidores.

Las Estrategias de Marketing como apoyo a tu propuesta de valor

Para ayudar a generar una propuesta de valor las estrategias de marketing juegan un rol protagónico para asociar tu producto y/o servicio con algún concepto único respecto a tus competidores generando un fuerte posicionamiento de marca para avanzar en el proceso de venta.

Estas estrategias deben lograr que tu propuesta de valor sea conocida y valorada por tu mercado objetivo.

Es importante que a través del marketing tu producto y/o servicio sea conocido en el mercado objetivo y se posicione como una marca con el atributo y valor que busca asociar la empresa vendedora.

Nota: *En este libro no ahondaremos en el tema del marketing, dado que hoy existen en el mercado una cantidad importante de literatura que aborda en detalle este tema si deseas profundizar conocimientos.*

Propuesta de valor para diferentes objetivos

En la propuesta de valor que envíes al prospecto, deberás detallar claramente el valor que le aportas para cumplir con sus objetivos buscados, deberás considerar una propuesta tanto técnica como económica, que le permita resolver su problema principal y obtener los beneficios a través de la solución propuesta.

Una de las primeras preguntas que debes realizar antes de preparar la propuesta de valor es:

¿Por qué desearía compra el futuro cliente el producto o servicio?

La respuesta en general puede contener diversos intereses y conceptos en función de cada uno de los futuros clientes, por ejemplo:

- o Interés por **resolver el problema**
- o Aumentar su **seguridad**
- o Disminuir la **incertidumbre**
- o Conseguir **"estatus"**
- o Seguir una **moda** de un terminado producto o servicio
- o Comodidad
- o Liberar tiempo al resolver el problema o necesidad

o Sensación de placer
o Innovación y nuevas tecnologías
o Precio
o Beneficios
o Soporte del producto o servicio de manera local

Una de las claves en este proceso por un lado es averiguar los principales motivos por los que compra tu futuro cliente y por otro lograr asociar tu producto o servicio con una o más de las razones por las que comprará.

Ilustración 37 Motivos de compra del futuro cliente

Para ejemplificar este punto voy a relatar una situación que me ocurrió en uno de los procesos de venta con un prospecto que finalmente no llegó a cerrar la compra del producto conmigo, y nos servirá para entender finalmente por qué tomo la decisión.

Al prospecto luego que ya había firmado con la competencia le pregunté:

¿Por qué tomaste la decisión de no comprar nuestro producto?

Y el cliente me respondió:

"El producto que elegí está de moda y trae nuevas tecnologías, esto me permite posicionar a mi empresa con un **estatus de empresa innovadora de cara al mercado.** *En términos de precios, beneficios y funcionalidades eran parecidos y ambos resuelven el problema central que tengo en la empresa."*

Esta respuesta me hizo pensar que no sólo los clientes compran por ser el mejor producto que resuelva su problema, sino que existen otras variables que toman en consideración y no resultan del todo lógicas.

Dado lo anterior, es importante, durante el proceso de venta determinar cuál es la *razón emocional o motivo no lógico* por la cual el cliente está comprando.

Como hemos revisado previamente, no solo es necesario resolver el problema y generar algún beneficio, sino que además el futuro cliente debe asociar tu producto y/o servicio con algún *beneficio no monetario* como se menciona en el ejemplo previo sobre la moda o estatus que genera el producto y/o servicio vendido.

Por último, los beneficios deben ser explicados de forma clara y contundente para convencer al futuro cliente que resuelve el problema central, tendrá los beneficios monetarios y no monetarios, que le permita al futuro cliente salir de su zona de confort, para tomar la decisión de avanzar en el proceso de compra.

Aportar pruebas concretas y demostrar cómo tu oferta puede influir positivamente en su situación ayudará a infundirles confianza y les impulsará a pasar a la acción.

Tipos de Beneficios

Cómo comentamos anteriormente, es importante analizar los tipos de beneficios que puede brindar tu producto o servicio al futuro cliente, dado que en función de si estos le resultan convincentes y atractivos, avanzará en el proceso de venta.

Durante el análisis de los beneficios del producto o servicio es necesario agruparlos en dos categorías:

o Beneficios monetarios
o Beneficios no monetarios

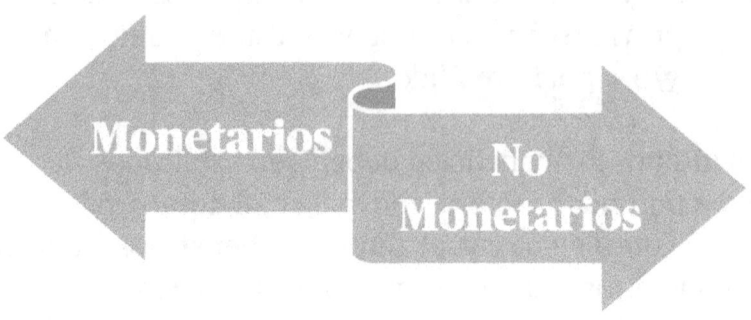

Ilustración 38 Tipos de beneficios

Beneficios No Monetarios

Los beneficios que no son cuantificables monetariamente pero que pueden ayudar a concretar la compra, por lo que debemos analizarlos e incluirlos en nuestra propuesta de valor, cómo, por ejemplo:

o Modas
o Tendencias
o Estatus
o Nuevas exigencias corporativas
o Nuevas regulaciones gubernamental
o Gustos de marca
o Modelos específicos
o Tendencias del mercado
o Etc.

Ilustración 39 Ejemplos de beneficios no monetarios

En este punto cómo veíamos, es importante que las estrategias de marketing ayuden a posicionar la marca del producto o servicio que se está ofertando para generar diferenciación respecto a los competidores y en el futuro cliente desde el punto de vista no monetario.

Beneficios Monetarios

Los Beneficios Monetarios son el primer y más importante paso para generar la confianza y validación interna en la empresa cliente, por lo que deben explicar las mejoras económicas que se pueden obtener a través del uso del producto y/o servicio.

Estos beneficios, deben ser definidos de manera clara y objetiva en función de la realidad especifica expuesta por el cliente.

Durante algunas ocasiones me ha tocado tener que demostrarles a los futuros clientes con su información como se lograría obtener los beneficios monetarios cuantificándolos a través del uso del producto o servicio considerando beneficios como los siguientes:

- o Ahorro en horas productivas
- o Reducción de horas improductivas
- o Aumento de ventas
- o Ahorros de personal
- o Optimización de equipamiento
- o Aumento de producción
- o Reducción de desperdicio
- o Aumento de margen de ventas
- o Aumento de ROI
- o Aumento de cartera de clientes
- o Otros

Ilustración 40 Ejemplos de beneficios monetarios

Mostrando los Beneficios Monetarios

En algunas ocasiones los prospectos me han pedido cuantificar un caso de estudio de cómo se reflejan concretamente los diferentes tipos de Beneficios monetarios y no monetarios para justificar la compra al interior de la empresa.

En este caso es importante mostrarle al futuro cliente un esquema de beneficios partiendo con los beneficios monetarios y luego los no monetarios, detallando cómo estos se complementan para generar la propuesta de valor del producto o servicio que le estás ofertando.

Cálculo de Valor Presente Neto

En algunos clientes en la etapa de preparación de la propuesta de valor y en otras en la etapa de negociación, me han pedido ayudarles a definir de manera monetaria y con un soporte concreto, los beneficios monetarios cuantificables del proyecto a comprar con datos reales de su empresa.

Para este propósito he usado el cálculo del *valor presente neto* que continuación dejo una breve explicación y ejemplo.

El *Valor Presente Neto (VPN)* es uno de los métodos más usados en la evaluación de proyectos, en palabras simples lo que hace es traer todos los valores futuros del proyecto a valores presentes, considerando una tasa de interés financiera.

A continuación, dejó un ejemplo del método usado para demostrar la factibilidad de avanzar con la compra de un producto o servicio dado los beneficios calculados.

$$VPN = \sum_{x=0}^{n} \frac{R_x}{(1+i)^x}$$

R: Corresponde al resultado corresponde al flujo de caja del periodo para el proyecto al comprar el producto y/o servicio.

n: Corresponde al número de periodos de duración de la inversión.

i: Tasa de descuento (o tasa de retorno de una inversión con similar riesgo).

Para el ejemplo tomaremos:

i= 7%
n= 5 años

Item/Año	0	1	2	3	4	5
Ingresos		$43.500	$43.500	$43.500	$43.500	$43.500
Inversion Inicial	-$100.000					
Costos		$5.600	$5.600	$5.600	$5.600	$5.600
Resultado (R)	-$100.000	$37.900	$37.900	$37.900	$37.900	$37.900

Ilustración 41 Ejemplo de VPN

$$VPN= \frac{-100.000}{(1+0,07)^0}+\frac{37.900}{(1+0,07)^1}+\frac{37.900}{(1+0,07)^2}+\frac{37.900}{(1+0,07)^3}+\frac{37.900}{(1+0,07)^4}+\frac{37.900}{(1+0,07)^5}$$

VPN= 55.397,48

Este resultado nos indica que el proyecto comprando el producto y/o servicio en un horizonte de 5 años tendrá un valor de retorno llevado a valor presente de $55.397,48. Este valor positivo sugiere que se espera que el proyecto genere un rendimiento superior a la inversión inicial si se considera el valor temporal del dinero.

A través de este método, podrás demostrar claramente a tu futuro cliente que tendrá beneficios monetarios para presentar a cualquier interesado tanto dentro como fuera de la empresa.

El cálculo del VPN proporciona una medida clara y objetiva de la rentabilidad del proyecto, lo que permite mostrar el rendimiento potencial de la inversión y justificar la propuesta de valor ante las distintas partes interesadas.

NOTA: *Para este tipo de análisis es recomendable contar con datos reales del futuro cliente con el objetivo de que se analicen de forma clara y objetiva los beneficios obtenidos.*

Factores adicionales para generar valor a la Propuesta

Existen factores adicionales que son relevantes para diferenciarse y generar valor a tu propuesta:

- o **Estrategias de Marketing** como elemento diferenciador a la propuesta de valor

  Cómo hemos comentado, con las estrategias de marketing se busca potenciar atributos de tu producto o servicio en la mente del consumidor generando diferenciación y posicionamiento respecto a la competencia a través de la generación de marca.

Los futuros clientes prefieren comprar una marca conocida o recomendada, en vez de una desconocida, dado que les ayuda a disminuir su aversión al riesgo.

- o **Precio** como aporte a la propuesta de valor

  El precio debe ser un valor competitivo y generar la sensación de pagar por el valor entregado, siempre asociado a los beneficios que se han logrado identificar en el futuro cliente.
  Resulta esencial alinear el precio con el valor percibido y los beneficios que el futuro cliente obtendrá de su oferta.

- o **Servicio posventa y servicio al cliente** como aporte a la propuesta de valor

  El servicio posventa y servicio al cliente son otros elementos que ayudan a genera un aporte de valor importante a tu propuesta, dado que muestran tu beneficio real a tus clientes actuales y que pueden ser trasladados a tu futuro cliente.

  Este factor ayuda claramente a disminuir la incertidumbre de tu futuro cliente, para comprar tu producto y/o servicio sin conocer tu producto, marca y empresa directamente.

- **Metodología y competencias en la industria** como valor del servicio o producto

La metodología y competencias que utilices en la industria y/o sector donde vender puede ser un elemento diferenciador importante si este se logra traducir en algún beneficio demostrarle al futuro cliente, cómo, por ejemplo, ahorros de tiempo, aumento de ingreso a través de estos factores.

Esto pone de relieve su capacidad para obtener resultados y le diferencia de sus competidores, que pueden no poseer el mismo nivel de conocimientos y experiencia en el sector.

Contenido de la Propuesta

El contenido y forma de la propuesta a presentar a tu futuro cliente puede variar en función del tipo venta:

- Compra directa

- Licitación pública

Ilustración 42 Tipos de propuestas

Compra directa

Cuando se realiza una propuesta para una compra directa debe centrar el foco en el beneficio económico que obtendrá el cliente por el uso del servicio o producto, detallando el problema central y su posible resolución a través de la solución propuesta cómo hilo conductor de la misma.

El contenido la propuesta en este tipo de procesos de compra directa debe contener cómo mínimo el siguiente esquema base:

o Resumen ejecutivo.
o Breve descripción de la empresa.
o Propuesta técnica de la solución o servicio ofertado.
o Detalle de los beneficios.
o Propuesta económica.
o Tipo y Forma de pago.
o Garantías, soportes. y servicios posventa.
o Tiempo de validez de la propuesta.
o Casos de éxito.

Resumen ejecutivo

En esta sección es necesario incluir el resumen de los apartados de la propuesta, y un tema importante es incluir los puntos claves que destaquen los beneficios para el cliente y diferenciación respecto a la competencia.

Este resumen puede ser usado para presentar la propuesta a los interesados de más altos nivel de la organización cómo dueños y directores que no tengan tiempo suficiente para leer toda la propuesta.

Breve descripción de la empresa

Es importante en este punto destacar la experiencia de la empresa en resolver este tipo de problemas y soluciones propuestas, las diferentes áreas o sectores que aborda, etc.

Propuesta técnica de la solución o servicio ofertado

Está sección debe explicarse en detalle toda la solución del producto o servicio ofertado, de forma lo más simple, didáctica y gráfica posible para los usuarios y equipo del cliente.

Detalle de los beneficios.

En esta sección se deberán detallar los beneficios que se obtendrán en el futuro cliente por el uso del producto o implementación del servicio.

Está sección será clave para convencer al futuro cliente que el producto o servicio es conveniente para ser adquirido por la empresa cliente.

Nota: *Para detalles de que beneficios incluir ver apartado sobre los tipos de Beneficios.*

Propuesta económica

Aquí es necesario detallar el valor y los alcances que se consideran importantes cómo plazos del servicio, cobertura, tiempo de duración del servicio o uso del producto y si es posible acompañarlo de los beneficios principales que se obtendrán.

Esta claridad ayuda al futuro cliente a comprender el alcance de la oferta y su adecuación a sus necesidades.

Tipo y Forma de pago

En esta sección es importante indicar el tipo de moneda y cómo se realizará la facturación y cobros, por ejemplo, mensuales, al inicio del servicio, cobros cada mes, cada dos meses, etc.

Tiempo de validez de la propuesta

En esta sección se debe detallar por cuanto tiempo será válida la propuesta y su contenido puede ser un mes, seis meses, etc.

Garantías, soportes. y servicios posventa

En esta sección se debe detallar los tiempos y alcances de las garantías, soporte y servicios posventa.

Casos de éxito

Es recomendable adjuntar un capítulo con los casos de éxitos del producto o servicio para generar la confianza en el futuro cliente que revise la propuesta y no siente que es primero que usara el servicio o producto.

Licitación Pública

El contenido de una propuesta para una licitación pública puede variar en función de los requerimientos particulares exigidos por el futuro cliente, pero podemos encontrar los siguientes temas en común:

o Resumen ejecutivo de la propuesta.

o Descripción de la empresa y su experiencia.

o Certificados de situación financiera de la empresa de acuerdo con los requerimientos de la licitación.

o Propuesta técnica de la solución o servicio ofertado de acuerdo con los requerimientos de la licitación.

o Análisis de Beneficios

o Propuesta económica ofertada de acuerdo con los requerimientos de la licitación.

o Tipo y Forma de pago.

o Tiempo de validez de la propuesta.

o Garantías, soportes. y servicios posventa.

o Certificado de casos de éxito y/o clientes actuales de la empresa.

En general los contenidos de la propuesta para una licitación pública no varían sustancialmente respecto a la privada, pero se deben tener en consideración todos los requerimientos técnicos y económicos descritos en las bases de la licitación, por lo que la propuesta deberá estar diseñada para lograr cubrir la mayor cantidad de requerimientos y funcionalidades pedidas.

Estrategia de Precios

Entender la estrategia de precios con la que cuenta tu empresa es clave para poder agregar valor a tu propuesta por lo que a continuación analizaremos este concepto en detalle.

La estrategia de precio del producto o servicio es un elemento clave de la propuesta de valor cómo comentamos previamente, dado que existen varias alternativas para definir el precio.

Cabe señalar que la estrategia estará basada en función del tipo de producto o servicio y la estrategia de mercado de la empresa, a continuación, revisaremos algunos ejemplos de estas:

- o **Precio por Servicio básico/premium (Precios de entrada económicos)**: se cobra un precio bajo de entrada para captar clientes y un valor superior por el servicio superior (premium).

- o **Precio por niveles de servicio (Precios diferenciados en función del valor)**: se define un valor en función de los niveles de servicio que se le brinda al cliente, partiendo por un plan base y el siguiente aumenta las funcionalidades en función de la configuración elegida por el cliente.

- o **Precio basado en el beneficio obtenido**: se basa en determinar un precio cómo porcentaje del beneficio que obtiene el cliente por el uso del producto o servicio.

- o **Precio por uso**: se define un precio base más un valor variable por el uso del sistema y/o la cantidad de usuario que usarán el servicio o producto. Este enfoque permite a los clientes pagar por lo que realmente utilizan o por la escala de su uso, garantizando que la tarificación se ajusta a sus necesidades específicas y a sus requisitos de uso.

- **Precio fijo por mes (Precios fijos de suscripción):** este valor es fijo independiente del uso, y se cobra por un determinado periodo de tiempo, por ejemplo 12 meses. Este planteamiento proporciona simplicidad y previsibilidad a los clientes, ya que conocen el coste exacto en que incurrirán durante el periodo especificado.

Análisis de precios para tu organización

Para preparar tu propuesta deberás averiguar si los precios de tus productos y/o servicios en tu organización están adicionalmente segmentados por país o sector, y cuentan con descuentos y/o promociones para un determinado futuro cliente, esto ayudará a mejorar tu propuesta de valor y negociaciones posterior para el cierre de la venta.

Al personalizar el enfoque de precios, puede demostrar flexibilidad y un profundo conocimiento de las circunstancias particulares de sus clientes, aumentando así las posibilidades de cerrar la venta con éxito.

Entender tu organización

Cuando estás preparando la propuesta de valor es clave entender cómo *"moverte"* en tu organización, conocer los departamentos, procedimientos y procesos de comunicación interna formales e informales para agilizar los contenidos necesarios para completar la propuesta con cada uno de los involucrados de la organización.

En algunas organizaciones existen flujos de revisiones y aprobaciones formales de las propuestas previo a la liberación al futuro cliente, por lo que resulta importante lograr comunicar y gestionar con todas áreas de las organizaciones de forma ágil para que logres completar y aprobar la propuesta en el menor tiempo posible. Sobre todo en el caso de compras a través de licitaciones públicas, donde los tiempos son siempre escasos.

Dar valor antes de llamar a la acción

Un tema importante que el futuro cliente debe percibir antes de que lo llames a la acción de comprar, es que tu cómo experto en su sector le hayas dado algún aporte de valor, exista una conexión de confianza, previo a que te compre tu producto y/o servicio, ya sea, por ejemplo:

o Ayudándolo a entender el problema que hoy tiene que resolver.
o Mostrándoles las alternativas de solución independiente de si tu producto calza o no con el problema.
o Explicándoles los beneficios monetarios y no monetarios que obtendría al solucionar el problema.
o Ofertándole que pruebe tu producto y/o servicio para que entienda los beneficios independientemente que aún no decida avanzar.
o Visitando un caso de éxito de tus clientes que le pueda ayudar a entender cómo resolver su problema y necesidad.
o Etc.

Estas acciones generar valor por adelantado y confianza para concretar la venta de forma más fácil en este proceso de venta o en los siguientes que tengas con tu futuro cliente.

Llamar a la acción

Con el transcurrir de los procesos de venta, me fui dando cuenta que lograr que el cliente tomé la decisión de avanzar en la comprar es una tarea compleja y que es necesario preparar.

Esta tarea tiene el objetivo de ayudar y motivar al futuro cliente, dado que en algunos casos cómo hemos comentado aún no está convencido de la urgencia y necesidad de comprar.

Llamar a la acción es uno de los métodos para lograr **motivar, inspirar, empoderar y direccionar** al futuro cliente a avanzar en el proceso de compra y puede ser usado en cualquier ctapa del ciclo de venta.

Lo importante que estas motivaciones llamen al *sentido de urgencia* de comprar, apelen al p*rincipio de escasez y siempre asociadas a los beneficio*s de adquirir el producto o servicio, con la premisa de que si no compran pierden una *oportunidad única* de obtener el producto y/o servicio, además de los beneficios y satisfacciones del uso de éste.

Algunos ejemplos de frases para llamar a la acción son:

o "Compra ahora y empieza a disfrutas los beneficios ya..."

o "Si compras ahora te hacemos un descuento del 15%, y comienzas a pagar en enero del próximo año..."

o "Prueba ahora nuestro servicio gratis por un mes y comienza a disfruta desde hoy toda los beneficios y satisfacción garantizada de nuestro servicio..."

o "¿Qué esperas para probar hoy nuestro producto?, no pierdas una oportunidad única de contactar con el producto más innovador del mercado para resolver tu problema...

o "Compre ahora!, quedan muy pocos productos en stock y disfruta de la calidad hoy mismo"

o Etc.

El listado de frases para llamar a la acción es extenso y depende de la creatividad de cada vendedor y la empresa.

Finalmente, he de comentar que, según mi experiencia a través de los procesos de venta, los llamados a la acción ayudan a avanzar en las ventas consultivas, pero deben ser usadas en el tiempo oportuno y siempre que el cliente este convencido o medianamente convencido que el producto le resuelve su problema central o necesidad y crea en los beneficios.

Capítulo 7: Negociar

EL proceso de negociación durante el proceso de venta resulta crucial para lograr concretar el cierre del acuerdo, por lo que es relevante entender y controlar todas las acciones de la negociación.

Por otra parte, es importante que en esta etapa el futuro cliente no desista de la adquisición por un tema de burocracia y lentitud del proceso de negociación, por lo que este debe ser ágil, simple y claro.

Generar relaciones de confianza

Al llegar a esta etapa del proceso de ventas deberás haber construido relaciones de confianza tanto con tu patrocinador como con el equipo negociador del futuro cliente, de manera que el proceso de negociación fluya de forma clara y sin necesidad de construir desde cero una relación de confianza durante el proceso, dado que esto puede hacer caer la venta o ralentizar el proceso.

Siempre pueden ayudar en el proceso de generar confianzas, por ejemplo realizar reuniones fuera de oficina como: reuniones desayuno, reunión de almuerzo o en las oficinas del vendedor con algún detalle anexo al tema del producto o servicio a vender, dado que este cambio de ambiente ayuda a distender la tensión y aumentan el nivel de confianzas mutuas entre las partes.

Reuniones de revisión de la propuesta

Luego de haber entregado la primera propuesta de valor al futuro cliente, éste se tomará un tiempo para revisar todos los aspectos de la propuesta, para luego pedirte una reunión de revisión conjunta. Dicha reunión da inicio formal al proceso de negociación y en la cual podrían plantearse las primeras dudas y objeciones acerca de los diferentes temas de la propuesta como:

- o Los alcances de la solución a nivel técnico.

- o Los alcances de los servicios y niveles de servicio de la propuesta.

- o Dudas de precios y costos adicionales.

- o Dudas de planificación y tiempos de implementación del producto o servicio.

- o Dudas sobre el equipo ejecutor del proyecto y/o servicio.

- o Objeciones a la propuesta en diferentes ámbitos.

- o Objeciones de un tema particular cómo: precios, garantías, etc.

- o Otros.

Para cada uno de estos temas deberás preparar alguna respuesta que permita avanzar en el proceso.

El detalle de las negociaciones y objeciones las revisaremos a continuación.

¿Qué se negocia?

En todos procesos de negociación que he participado previo al cierre de una venta, siempre existen elementos claves que se negocian, por ejemplo:

o Precio del producto o servicio.
o Funcionalidad adicional para el caso de los productos.
o Alcance de los servicios (territorial, funcional, etc.).
o Duración del contrato.
o Plazos de instalación.
o Fechas de inicio del servicio o uso del producto.
o Tipo y forma de pagos.
o Moneda de pago.
o Descuento por volumen.
o Exclusividad de uso.
o Reproducción de marca.
o Publicidad por uso del producto o servicio.
o Cláusulas de salida anticipada.
o Multas por incumplimientos.
o Acuerdo Marcos y Niveles de servicios específicos (SLA, MSA).
o Etc.

El listado anterior es referencial, y puede variar de cliente en cliente, pero en general, son los conceptos que más se repiten en los procesos de negociación.

Cada uno de los puntos anteriores puede generar una negociación en algún punto del proceso de venta. En general, las negociaciones las podemos agrupar en tres grandes áreas:

o   Negociaciones Técnicas

o   Negociaciones Del negocio y Económicas

o   Negociaciones Legales

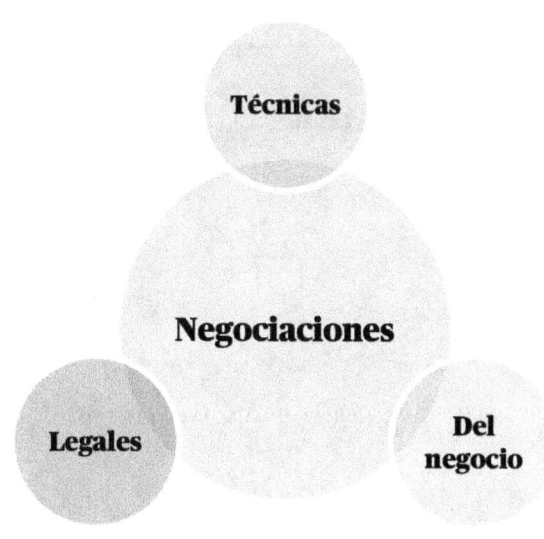

Ilustración 43 Tipos de negociaciones

Durante este proceso pueden surgir negociaciones y objeciones en las tres áreas mencionadas, Además, las distintas negociaciones pueden ser abordadas en distinto orden, en función del tipo de cliente.

Adicionalmente durante este tiempo es recomendable mantener un orden secuencial desde lo técnico al inicio, pasando por el negocio y terminando en el tema legal y regulatorio, dado que son distintos actores que participarán en la negociación, como muestra el esquema siguiente:

Ilustración 44 Proceso de negociación

En clientes donde no está tan clara la influencia del patrocinador de manera extendida en la empresa, y existen muchos departamentos involucrados en el proceso de compra, se aprecia que el proceso de negociación puede ser iterativo.

Por ejemplo, si ya se pasó por la negociación técnica, se puede volver a revisar temas técnicos, cuando se está discutiendo los temas legales o regulatorios como se muestra en la figura anterior.

Nunca inicies la negociación con el precio final

Esta premisa la fui aprendiendo luego de muchas "prueba y error" en los procesos de venta, hasta que finalmente me di cuenta, que para tener un cierto control del proceso de venta, es importante no iniciar la negociación con el precio final cerrado, sino un valor referencial o rango de precios.

Dado que siempre dependerá de lo que el futuro cliente defina como alcance para resolver su problema, solo así te permita llegar a un acuerdo global por todo el servicio o producto.

Esto debido a que pueden realizarse acuerdos posteriores que luego generen un impacto en el precio revisado al inicio, por ejemplo, aumento de niveles de servicios, garantías, cláusulas de salidas anticipadas, etc.

Por lo mencionado previamente, es importante entender durante el proceso de negociación que el precio debe reflejar el aporte de valor y beneficios que le brindas al cliente y que este acorde al valor que esté dispuesto a pagar.

Entender los "NO" como objeciones

Siempre en todo proceso de compra el prospecto tendrá en su mente dos visiones sobre la compra del producto y/o servicio:

o Una que refuerza sus argumentos para comprar el producto o servicio, "**Si comprar**".

o La otra visión tiene un conjunto de **objeciones** de porque "**No comprar**".

Por lo que, dado que este escenario lo encontrarás en todos los procesos de venta, deberás estar preparado para reforzar la *visión de comprar* y *disminuir las objeciones* que tenga en su mente para no comprar.

En cualquiera de las etapas del proceso de venta podrían salir las objeciones para no comprar, por ejemplo, durante el primer contacto, al momento de presentar tu producto o servicios, cuando presentes tu propuesta o estés a punto de cerrar el contrato, por ejemplo:

o "No deseo seguir adelante porque no lo necesito".

o "Es muy caro, no tengo presupuesto".

o "No es una buena época del año".

o "Necesito validarlos con los dueños".

- o "No estoy de acuerdo con las condiciones del contrato en términos de plazos y forma de pago".

- o "Nosotros trabajamos de otra forma y el servicio y/o producto no se adapta a las necesidades que tenemos".

- o "Déjeme pensarlo, lo llamaré después".

- o Etc.

No te desmotives por recibir una cantidad importante de **Objeciones, "NO"** como respuesta, es parte de este nuevo rol recibir este tipo de respuestas para lograr el objetivo final.

Siempre existirán respuestas para no avanzar en función del tipo de cliente, el sector y país, finalmente decir que estas objeciones son parte del proceso de ventas, no lo tomes cómo algo personal en tu contra.

Tu experiencia en el sector, país y específicamente con el producto y/o servicio, te irán dando las métricas de cuantas repuestas negativas necesitas en promedio para conseguir una venta positiva. Por ejemplo, en promedio diez respuestas negativas para recién obtener un Si.

Este proceso es como cuando buscas un nuevo trabajo, tendrás entrevistas y te dirán luego de un número importantes de entrevistas que estas contratado.

Lo importante, es que mientras mayor es la cantidad de "**NO**" de tu proceso de venta, estas más cercano que te digan el "**SI**" esperado para avanzar en el proceso de venta.

Según vayas avanzando en los procesos de venta te irás dando cuenta de los porcentajes de "NO" que necesitas para lograr avanzar en la venta, por ejemplo: necesitas un 80% de "NO" para poder conseguir un "SI" para conseguir una venta, cómo se muestra en la figura siguiente.

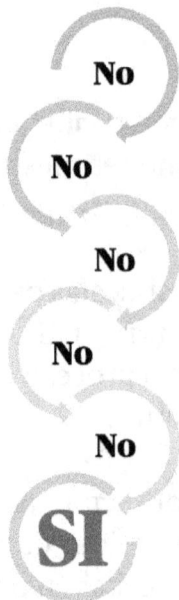

Ilustración 45 Objeciones hasta lograr el SI

Seguimiento de la negociación

Para tener el control del proceso de venta, es importante realizar el seguimiento del proceso de negociación, en todos los ámbitos que hemos comentados previamente, dado que cada uno de los temas negociados puede generar modificaciones importantes en la propuesta y solución presentada al cliente.

El seguimiento de la negociación deberá tener una visión global del proceso de venta para actualizar la priorización de los temas acordados y pendientes para avanzar en las negociaciones de forma ordenada. Si mantiene una perspectiva global, podrá seguir el progreso general, abordar cualquier asunto pendiente y asegurarse de que la negociación avanza de forma organizada y eficaz.

Gestión de las Objeciones

La gestión de las objeciones, que no son otra cosa que la gestión de los "NO" como respuesta o peticiones, que nos dan los futuros clientes, las cuales ocurren como comentamos durante todo el proceso de ventas, es importantes gestionarlas y analizar posibles respuestas para convertir la mayor cantidad de "NO" en un "SI" para continuar con el proceso de venta.

Una de la forma para determinar si la objeción es real o es solo que aún no confía en ti, en el producto y/o servicio o la empresa, es realizar algunas preguntas, cómo las siguientes:

o ¿La propuesta que hemos presentado le hace sentido para resolver su problema?

o Olvidando el tema del precio, ¿la propuesta es lo que necesita para resolver el problema y además obtener los beneficios esperados?

o ¿Qué le parecen los beneficios monetarios que obtendría con este producto y/o servicio?

o Respecto a los beneficios no monetarios, ¿Qué le parecen los beneficios no monetarios de la propuesta?

o ¿En términos económicos, el precio se adecua a su presupuesto?

o ¿Qué punto necesita incorporar para avanzar con esta propuesta?

o Etc.

Con base en las respuestas obtenidas de los futuros clientes, podrás determinar primero que le impide al prospecto avanzar en el proceso de venta y segundo el origen de las objeciones.

Según lo visto durante mis procesos de ventas, las objeciones las puedes catalogar en por lo menos tres categorías:

o Objeciones técnicas

o Objeciones del negocio y económicas

o Objeciones legales

Ilustración 46 Tipos de objeciones

Nota: *Podrían existir más tipos de objeciones particulares como las medioambientales, políticas, etc. en función de la empresa, sector y mercado objetivo.*

Saltando obstáculos

Para gestionar las objeciones es importante tener el listado detallado y claro de éstas, para determinar cuáles son las que el prospecto señala cómo bloqueantes para "NO" continuar en el proceso, seguido es necesario preparar un listado de propuestas para lograr eliminar o reducir cantidad de objeciones y/o obstáculos.

Una de las cosas que me ha servido para gestionar las objeciones y continuar en el proceso de venta son los siguientes pasos cómo estructura de orden táctico:

1. **Definir en un documento o presentación** todos los temas que el cliente señala que no le permiten avanzar para comprar.

2. Con el conocimiento que ya tienes del cliente y de tu producto o servicio, proponle al cliente alguna **alternativa o solución** para cada una de sus objeciones.

3. Si ves que alguna objeción no puedes resolver es mejor indicarlo en esta etapa del proceso, de forma clara y honesta al cliente, para **no generar falsas expectativas** posteriores.

4. **Reúnete nuevamente** con el futuro cliente luego de este análisis, para revisar nuevamente las objeciones en conjunto.

5. Finalmente, prepárate para que este proceso ocurrirá **varias veces** hasta que el futuro cliente se decida a avanzar al siguiente paso.

Este proceso de gestión de las objeciones puede ser iterativo, dado que en una primera etapa pueden generarse una lista de objeciones del ámbito técnico, en la segunda una ronda de objeciones del área de negocios y económicas, y finalmente las del área legal.

Objeciones Técnicas

• Técnica 1

Objeciones del Negocio y Económicas

• Negocio 2

Objeciones Legales

• Legal 1
• Legal 2

Cierre

Ilustración 47 Seguimiento del proceso de negociación

A continuación, detallo un ejemplo de gestión de objeciones que uso para este proceso.

Fecha	Tipo	Objeciones	Propuestas	Estado
10/10/2023	Técnica	Necesito un reporte de los datos mensual	Se puede agregar dentro del alcance un informe mensual con 10 ítem a elección	Aceptada
20/11/2023	Negocio y Económicas	No puedo pagar el monto total al contrato al inicio	Pagar en 12 cuotas	En revisión
05/12/2023	Legal	No queremos exclusividad de uso del producto, para poder tener otros en uso al mismo tiempo.	Se concede la no exclusividad de uso	Pendiente

Ilustración 48 Análisis de objeciones

Negociaciones finales

En estas negociaciones finales debes considerar que factores son relevantes para el futuro cliente para lograr el cierre del proceso, a veces no sólo es el precio sino los benéficos o funciones para reducir u optimizar sus procesos.

Según he podido analizar, este tipo de negociaciones finales ocurren en algunas empresas donde existen distintas áreas negociadoras, por lo que todos querrán demostrar su poder de negociación al interior de la empresa, manifestando finalmente que han aportado al proceso para el cierre de la compra.

En esta fase, es importante abordar cualquier objeción final que surja, asegurándose de que todas las partes se sientan escuchadas y de que sus preocupaciones se aborden adecuadamente, por ejemplo:

- o El área Legal puede agregar sus resguardos finales para considerar el escenario de salida anticipada del contrato.

- o El área de Tecnología agregar algún KPI o nivel de servicio.

- o El usuario final agregar una última nueva funcionalidad o servicio especial para cerrar.

- o Etc.

Tendrás que estar preparado para responder está negociación final y analizar cada una de estas últimas objeciones y peticiones para cerrar el trato y firmar el contrato.

Puede que sea necesario colaborar con distintos equipos o departamentos de su organización para evaluar la viabilidad y el impacto de estas solicitudes.

En general en este tipo de negociaciones es necesario siempre buscar nuevas miradas y soluciones alternativas para responder al cliente, ampliando las posibilidades de negociar.

Por ejemplo, me ha tocado negociaciones finales donde no puedo bajar el precio, pero si darle algún servicio o funcionalidad extra que no estaba en la negociación previa y que tiene impacto interno reducido en la propuesta, pero un beneficio importante para el futuro cliente.

Este enfoque puede crear una situación beneficiosa para ambas partes (win-win), que se sientan satisfechas con el resultado de la negociación.

Capítulo 8: Seguimiento y Control del Proceso

EL seguimiento y control del proceso de ventas es fundamental para lograr avanzar y acelerar la concreción de tus ventas, dado que te dará una visión estratégica y táctica de todos tus futuros clientes y las próximas acciones.

Este proceso de seguimiento y control deberá transformarse en tu *nuevo hábito* para este rol en ventas.

La importancia del seguimiento

El seguimiento del futuro cliente puede ser uno de los elementos clave y a la vez diferenciador para lograr el éxito en tus ventas, cuando ya sabes que tu futuro cliente está priorizado y cumple con el perfil que buscas para tu producto y/o servicio, debes hacer el seguimiento para conseguir que sus necesidades y situación actual le permitan avanzar en el proceso de venta.

A continuación, quiero contarte la historia que me ocurrió con un cliente que llamaré *James* al cual hice seguimiento por bastante tiempo, porque estaba convencido que era el perfil que podía comprar el producto que ofertaba.

James era el dueño de una empresa que tenía filiales en dos ciudades, ya habíamos detectado la necesidad que tenía, había revisado el producto y específicamente la funcionalidad le servía para resolver su problema, estaba de acuerdo con el análisis de beneficios a lograr con el uso del producto, le ofrecimos un piloto, pero no fue necesario, porque ya estaba convencido que el producto era lo que necesitaba y podría obtener los beneficios revisados. Pero en ese minuto llego la pandemia del coronavirus y tuvo que cancelar todas las compras, dado que tuvo que detener el funcionamiento de sus empresas.

Paso el tiempo, pero cada cierto tiempo realizaba el seguimiento para saber cómo seguía *James* en sus negocios y si aún tenía la necesidad o había cambiado, pero me respondía que aún no era el tiempo, hasta que un día, luego de haberle enviado un correo electrónico indicándole que habían cambiado las condiciones comerciales y teníamos un descuento especial para él, si adquiría el producto este año, *James* me responde el correo indicando *"conversemos, ahora es el momento"*, dado que ahora si tenía la posibilidad de avanzar con la compra.

Luego de dos años de haber realizado el primer contacto y un seguimiento continuo, se concretó la venta.

Según hemos visto en el ejemplo anterior, a veces es necesario esperar el tiempo oportuno dado que existen factores que pueden haber retrasado la compra del futuro cliente en su minuto, cómo, por ejemplo:

- o **El prospecto no contaba con el presupuesto en el año** que se realizó la oferta, pero ahora si tienen.

o **El impacto del problema central no era relevante aun para el negocio**, en este nuevo escenario sí.

o **Los beneficios en su minuto no lograban convencerlo** para avanzar en el proceso de compra, pero al cambiar algunos costos de insumos y servicios, ahora si es factible.

o **Han cambiado las prioridades de la empresa** desde el primer contacto y la primera oferta de valor, por lo que ahora si pueden avanzar.

o **Han cambiado los dueños o directivos de la empresa** y ahora si desean resolver la necesidad y el problema central con el producto que se ofertó.

o **Recién ahora se ha generado la necesidad**, antes no existía la problemática cuando se presentó el producto o servicio, producto de cambios a nivel externo y/o interno.

Ilustración 49 Factores que retrasan la compra

¿Qué factores son claves para avanzar en el proceso?

Desde mi visión de los procesos de venta, es posible identificar algunos factores claves para ver si el futuro cliente está avanzando en el proceso. Algunas de las características a analizar son:

o **Necesidad**: Tiene una necesidad o problema que puede ser cubierta por mi producto o servicio.

o **Confianza**: Confía en ti y en la propuesta que le enviaste.

o **Resolución**: Piensa que el producto o servicio le puede servir a resolver sus necesidades o problemas.

o **Beneficios**: Los beneficios pueden soportar la compra del servicio o producto.

o **Presupuesto**: Cuenta con el presupuesto hoy para comprar y está dentro del precio de la propuesta.

o **Condiciones**: Está de acuerdo con las condiciones de compra del producto o servicio.

o **Tiempo**: El tiempo debe ser el adecuado para efectuar la compra.

o **Factores Externos**: Existe algún factor externo que puede acelerar la compra.

o **Factores Internos**: Existe algún factor interno en la empresa que puede detener la compra en la empresa.

A continuación, se muestran los factores de forma gráfica.

Ilustración 50 Esquema de factores para avanzar en la venta

Revisar todos estos factores comentados previamente, permiten hacer un análisis detallado de cada futuro cliente y focalizar esfuerzos para determinar en qué área es necesario reforzar el proceso de venta para que el prospecto decida avanzar.

Análisis del seguimiento y control del proceso

Una de las claves para lograr la venta es realizar un análisis del seguimiento y control a los futuros clientes (clientes potenciales y prospectos) a lo largo de todo el proceso de venta.

Dicho análisis puede realizarse de formar diaria o semanal, identificando el estado actual de cada uno de los prospectos, actualizando los nuevos estados del prospecto, situación del mercado y determinar que acciones son necesarias para avanzar al siguiente nivel.

Es importante, además, analizar de manera global los procesos de ventas, a lo menos una vez por semana, dado que de esta manera tendrás una planificación estratégica y táctica de tu semana en términos de prioridades, temas internos y compromisos adquiridos con tus futuros clientes, esto como hemos comentado previamente, debe transformarse en un hábito de tu nuevo rol, usando por ejemplo las herramientas que describimos en los siguientes puntos.

Para revisar el proceso es posible usar un esquema que muestre el estado de los futuros clientes en el proceso de ventas a nivel general como el siguiente:

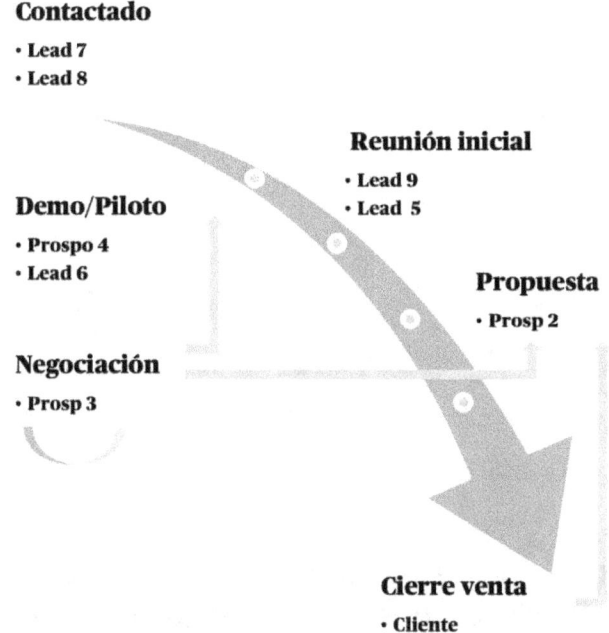

Ilustración 51 Seguimiento y control del proceso de venta

Cómo se aprecia en la figura anterior, el proceso de ventas no es lineal, sino que pueden existir clientes que necesiten "volver al estado anterior o seguir en el mismo estado", por ejemplo: una negociación, puede requerir una nueva propuesta ajustada con el nuevo acuerdo, o realizar una nueva demostración al directorio de la empresa, etc., también el esquema anterior muestra las flechas indicando el regreso o permanencia en el estado del proceso.

Otra forma de analizar el estado del proceso de venta es detallar cada uno de los prospectos que tienes en cada etapa cómo se muestra a continuación.

Ilustración 52 Visión del seguimiento y control del proceso

Lo importante de los esquemas anteriores es que nos permiten tener una visión **general y estratégica** del proceso de venta para cada uno de tus futuros clientes (clientes *potenciales y Prospectos*) e identificar en que etapa del proceso esta cada uno. Esta información es crucial para priorizar y asignar recursos de forma eficaz, garantizando que cada cliente reciba la atención y el apoyo adecuados en su fase específica del proceso de venta.

Adicionalmente, puedes contar con un detalle más **táctico** de la situación actual y próximas acciones a realizar para cada prospecto en una tabla como la siguiente:

Tipo	Etapa	Acciones realizadas	Próximas acciones	Estado Venta
Prosp 1	Cierre venta	11/10/2022 Contrato firmado	Inicio del servicio 1/11/2022	**Cerrada**
Prosp 2	Propuesta	10/09/2022 Preparando la oferta económica y técnica	30/09/2022 Envío de propuesta 01/10//2022 Reunión con patrocinador para revisar propuesta	**En progreso**
Prosp 3	Negociación	10/11/2022 Reunión con el cliente: conclusión pide un descuento del 10% en el producto	20/11/2022 Reunión con cliente para realizar una contrapropuesta, el tema está hoy siendo analizando por el director Comercial	**Pendiente**

Ilustración 53 Detalle del seguimiento y control

Nota: *Los estados y acciones pueden ser ajustadas en función del proceso de venta, sector, mercado y políticas de la empresa vendedora.*

Lo importante de estas dos visiones de seguimiento y control, es que estas serán tu *hoja de ruta* para lograr focalizar los esfuerzos y determinar donde tienes que desbloquear temas con las demás áreas y/o realizar acciones con el futuro cliente.

Y lo segundo, que prospectos no avanzarán con la decisión de compra, permitiendo focalizarte en los que si pueden avanzar en el corto plazo.

Revisión de priorización de fututos clientes

Cómo vimos en el *Capítulo 4 - Prospectar*, es importante revisar si alguno de los parámetros de esa priorización ha cambiado para re-enfocar nuestras acciones a esos nuevos prospectos.

Las variables por revisar son:

- o *Participación de mercado*
- o *Categorización*
- o *Cobertura territorial*

Si alguna de estos ítems ha variado e influye en la nueva priorización la detectaremos rápidamente, por ejemplo:

- o **Cambio en la cobertura territorial**: Si un prospecto ahora tiene una cobertura global y antes tenía una regional ha cambiado su variable de cobertura territorial.

- o **Cambio en la participación**: Si ha aumentado su participación de mercado del 5% al 35% es relevante.
- o **Cambio en la empresa cliente**: Si ha cambiado de dueños y paso de ser una empresa conservadora a una innovadora.
- o Etc.

Seguimiento de Clientes Actuales

Otro tema importante que aprendí en durante los ciclos de ventas es lo siguiente:

"Es más fácil venderle a un cliente actual agregando más productos o servicios que conseguir un nuevo cliente"

Por lo comentado previamente es importante validar con tus clientes actuales si tienen una nueva necesidad que puede ser cubierta con tu producto actual o futuro, a través de *venta cruzada o venta adicional.*

Además, puede ayudar a lograr una nueva venta mantenerse en contacto con tus actuales clientes de manera mensual, o cada cierto tiempo para ver cómo va el servicio y/o producto, obtener retroalimentación del servicio posventa y detectar alguna necesidad no cubierta con los productos actuales, por ejemplo, para aumentar la cobertura.

Puedes usar el siguiente listado de clientes actuales que se muestra a continuación para su seguimiento:

Cliente	Tipo	Necesidad	Producto y/o servicio	Última reunión
Empresa I	Innovador	Necesidad 1	Producto A	01-2023: Sin cambios en necesidad
Empresa H	Líder	Necesidad 1 y 2	Servicio 2	04-2022: reestructuración posible cambio de necesidad contactar en un mes mas
Empresa J	Seguidor	Necesidad 3	Producto 3	05-2023: nueva necesidad 1 detectada se debe realizar presentación del producto al cliente

Ilustración 54 Análisis de clientes actuales

Nota*: Si alguno de los clientes actuales revisados previamente necesita cubrir una nueva necesidad, ésta deberá ingresarse al proceso de ventas normal para realizar el seguimiento respectivo de la venta.*

Es importante señalar que en este tipo de ventas consultivas el seguimiento y contacto con el cliente es clave y esencial para avanzar en el proceso, las acciones que realices serán determinantes para lograr el objetivo de ventas.

En el caso de las ventas consultivas, que estamos analizando, el solo uso de las estrategias de marketing no es suficiente para convertir a un prospecto interesado en un cliente real, por lo que resulta esencial aplicar el proceso de ventas de forma detallada y controlando todos los pasos que revisamos en los capítulos anteriores.

Señales que está avanzando en el proceso

Es difícil saber a cien y a ciertas si el cliente va a comprar, pero existen señales que se pueden analizar que pueden indicar que esta con la disposición a comprar como, por ejemplo:

- El futuro cliente **de forma espontánea pregunta** por:
  - El proceso de venta
  - Beneficios
  - Precio
  - Funcionalidades
  - Detalle de la implementación del producto y/o servicio.
  - Garantía
  - Servicio posventa
  - Etc.

o El futuro cliente se muestra **dispuesto a negociar** los detalles del cierre y contrato.

o El futuro cliente muestra buena **disposición a agilizar el proceso de venta** y avanzar en el cierre, aportando ideas y puntos de vista para llegar a acuerdos en los temas.

Capítulo 9: Cerrar la venta

EL proceso de cierre de la venta resulta crucial para poder lograr concretar la firma del acuerdo, por lo que es relevante entender y focalizar todo el proceso.

Cierre de venta

Formalmente la venta se da por cerrada cuando ambas partes firman el contrato o acuerdo para la compra o uso del producto y/o servicio. En ese minuto tu prospecto pasa a ser tu nuevo cliente.

Mi primer cierre de venta

Todavía recuerdo cuando ocurrió mi primer cierre de venta, después de mucho intentar e iterar en el proceso de venta, se me vino a la mente todo lo vivido y aprendido en este viaje, fue una grata alegría de haber cumplido el objetivo, que al inicio parecía una montaña que nunca se podría subir, hasta que un día se llega a la cima.

Todo el evento de la firma de la primera venta fue una sensación de mucha satisfacción por haber cumplido la meta al ingresar al mundo de las ventas consultivas y segundo poder entender el proceso seguido para lograr conseguir las próximas ventas.

El lograr la primera venta es una inyección de optimismo importante por todo el trabajo realizado durante el proceso de venta y además, marca la pauta de cómo lograr las siguientes ventas, analizando y corrigiendo los temas que veas necesarios mejorar en el proceso para continuar con los próximos prospectos del proceso de ventas.

El proceso no termina hasta que se firma el contrato

Cuando un futuro cliente te dice que quiere comprar y está decidido a avanzar, no es el final de la historia. El proceso termina cuando ambas partes firman el contrato o acuerdo para adquirir el servicio y/o producto.

Durante mis procesos de ventas, he tenido experiencias en que hemos tenido el contrato redactado y acordado, listo para firmar y no poder cerrar la venta, ya sea por temas externos como la economía, pandemia u otros, o por temas internos de la empresa cliente.

Si te llegará a ocurrir la situación descrita previamente, durante la etapa de cierre de la venta, nunca te enojes con tu futuro cliente, dale las gracias de manera cordial y siempre deja la puerta abierta para una futura oportunidad, nunca sabes si más adelante, pueden volver a conversar y avanzar en está o alguna otra venta.

Recuerda que ambas partes en estás instancias han perdido tiempo y esfuerzos para llegar a esta etapa final por lo nadie ha ganado al no firmar la venta.

Contrato y firma para cierre

La redacción y firma del contrato es la última actividad para cerrar la venta y que de alguna forma cierra todo el proceso de negociaciones.

En esta etapa podrán salir objeciones referentes a la redacción y contenido del contrato, como temas de tipo legal, por lo que todo el proceso debe ser supervisado por los abogados de la empresa vendedora y el futuro cliente.

Modelos de Contrato

En general las empresas ya cuentan con modelos contratos para cerrar las ventas de servicios y/o productos, por lo que no será necesario crear un contrato desde cero, pero sí podrían agregarse o quitarse cláusulas específicas en función de las negociaciones y las redacciones sugeridas por las negociaciones previas, los abogados del cliente y/o la empresa vendedora para este caso particular.

¿Por qué a veces no se logra cerrar la venta?

Existen múltiples factores de porque no se logra cerrar la venta, pero desde mi perspectiva existen algunos factores comunes que se repiten entre los distintos prospectos cómo:

o No **confían en ti, el producto o la empresa** para comprar.
o No lograste **detectar el problema central** y las necesidades que le aquejaban.

o No existió **conexión** ni relación de confianza en el proceso de venta.
o No lograste **empatizar con el problema y necesidad** que tenía, este tipo de ventas no son del tipo transaccional, sino se basan en la **confianza y empatía** para lograr vender los productos y/o servicios.
o No se logró convencer al prospecto que tu producto y/o servicio **cubría la brecha** desde el problema central a la solución para obtener los beneficios.
o El Prospecto **no logro percibir el valor** que le generaba el producto y/o servicio respecto al precio, funcionalidades y beneficios que podría obtener.

Capítulo 10: Retrospectiva del Proceso de Venta

C uando se ha cerrado el proceso de venta con la firma del contrato del producto o servicio para un determinado cliente, es importante realizar algún análisis en retrospectiva desde diferentes puntos de vista, con la finalidad de determinar que aspecto del proceso se realizaron de buena forma y cuales son necesarios de mejorar para futuros clientes.

Tiempos y modificaciones del proceso de ventas

El tiempo de duración en el proceso de ventas se considera desde que se contacta a un futuro cliente hasta que se realiza la compra del producto y/o servicio para convertirlo en Cliente.

Luego de varias iteraciones, se puede analizar que, para ventas de servicios específicos, los tiempos del proceso son más extensos, respecto a la de un producto.

Por lo anterior, habrá que tomar en consideración los distintos tiempos de ventas de uno u otro tipo, ya sea servicio o producto para el análisis de estimaciones de ventas futuras.

Adicionalmente, los tiempos de cada proceso de venta en particular para un producto o servicio varían de sector en sector, nicho de mercado y país, incluso pueden variar de empresa en empresa y finalmente de vendedor a vendedor.

Las modificaciones en actividades y ajustes de tiempos al proceso de ventas se irán realizando con el correr de las iteraciones del proceso y junto con la retroalimentación de los diferentes prospectos y clientes potenciales, con el objetivo de aumentar los cierres de ventas y reducir los tiempos de permanencia en el proceso.

Impresiones del cliente

Es importante luego de cerrada la venta lograr las impresiones del cliente acerca del proceso desde todos los puntos de vista que desee comentar cómo, por ejemplo:

Temas generales

- o Análisis interno del proceso de venta
- o Agilidad en el proceso
- o Simplicidad del proceso
- o Temas por mejorar
- o Temas destacables del proceso

Contactos y presentaciones

o ¿Qué temas destacaría y mejoraría de los primeros contactos?

o ¿Le parecieron importantes los temas tratados en las demostraciones, pilotos o presentaciones proceso?

o ¿Qué temas faltaron detallar o comentar durante etapas tempranas del proceso?

Propuestas y negociaciones

o ¿Qué contenido le pareció relevante de la propuesta y que falto por agregar o mencionar, que posteriormente fue necesario incorporar?

o Durante la negociación para la firma del contrato, ¿qué proceso destacaría?, y ¿qué temas le parecieron más complejos de abordar?

Cierre y firma

o ¿Qué le pareció el contrato tipo utilizado para el cierre?

o ¿Los tiempos para la revisión legal y cierre del contrato, le parecieron tiempos razonables o se extendieron más de lo que tenía presupuestado?

Si luego de realizar un análisis detallado de estas retroalimentaciones notas que, por ejemplo, tu proceso es muy complejo, lento o tu tasa de cierre sigue siendo muy baja seguramente necesitarás mejorar algún aspecto del proceso de venta, a continuación, analizaremos algunos puntos.

Propuestas de Mejoras para el proceso de venta

Con toda la información recopilada tanto interna como externa, se pueden realizar mejoras en cada una de las etapas del proceso de venta, que servirán para todos los demás futuros clientes, por ejemplo:

- Mejoras los tiempos de repuestas de la revisión del contrato.
- Análisis y respuesta a objeciones.
- Rapidez en la preparación de la propuesta y/o contrato.
- Mejoras en las presentaciones, pilotos y demostraciones.
- Facilidad y agilidad para contratar el producto cuando ya se tomó la decisión de avanzar.

Ilustración 55 Propuestas de mejora al proceso

Como hemos revisado previamente el tiempo que el futuro cliente pasa en el proceso de venta es clave para poder concretar la venta, por lo que es posible plantearse algunas propuestas de carácter interno en la organización para *agilizar el proceso* sin perder contenido ni profundidad en el proceso. Estas mejoras pueden implementarse luego de haber iterado muchas veces en el proceso, conocer el mercado a cabalidad y el perfil de los futuros clientes. Entre las mejorar a plantear se pueden definir, por ejemplo:

o **Reducir tiempos de preparación** de **demostraciones** y presentaciones, predefiniendo todo previamente.

o **Reducir tiempos de implementación** de pilotos y proyectos con el objetivo de mostrar siempre más beneficios.

o **Reducir tiempo de preparación de propuestas** al futuro cliente para dar una respuesta rápida y ágil.

o **Predefinir propuestas para mostrar beneficios** por el uso del producto o servicio, para entregas rápidas al cliente.

o **Predefinir acuerdos y contratos** tipo para las diferentes modalidades de contratación con el objetivo de reducir los tiempos de revisión y aumentar los cierres de venta.

Simplificación del proceso de negociación

Es necesario analizar si el proceso de negociación es demasiado extenso en el tiempo y/o resulta muy complejo de seguir para el futuro cliente.

Para este punto se pueden analizar procesos históricos de cierre de clientes y determinar qué aspectos son los que más negocian los clientes para estar previamente preparados.

Lo segundo analizar si existen parámetros de orden en la negociación referentes a los diferentes aspectos, para tener estrategias para cada etapa de la negociación por ejemplo: se puede determinar si primero se negocian los aspectos técnicos, luego el precio y finalmente temas de negocio y legales o cual es el orden que predomina en el proceso de venta consultiva.

Características Esenciales de un Vendedor

Luego de haber pasado por un número importante de procesos de venta, me atrevo de detallar un conjunto de características esenciales que todo vendedor debe cultivar en los procesos de ventas consultivas con el objetivo de incrementar su posibilidad de cerrar una venta, entre las que destaco están:

- o **Ser un buen comunicador**: esto significa tener la capacidad de explicar de forma simple, clara y convincente por ejemplo los beneficios y funcionalidades del producto o servicio.

- o **Escuchar y Entender de forma efectiva:** es relevante entender las necesidades y requerimientos del cliente.

- o **Confianza en sus capacidades:** el objetivo es trasladar tu confianza en el producto y/o servicio al prospecto.

o **Perseverante**: en el área de ventas la perseverancia es clave para lograr saltar las objeciones y conseguir que el cliente avance con la compra.

o **Flexibilidad:** ante posibles cambios pedidos por el futuro cliente adaptarse, preparando nuevas propuestas, estrategias y analizar supuestos rápidamente.

o **Experto en su ámbito:** debe convertirse en un experto en su área más allá del uso del producto y/o servicio que vende.

o **Construir relaciones de confianza:** poder generar relaciones de confianza con los futuros clientes.

o **Resolver problemas de negocio:** tener la capacidad de analizar y proponer soluciones a los problemas planteados por los prospectos de forma creativa y alineada con tu producto y/o servicio, es decir generar soluciones relacionadas y utilizando los productos y servicios que vende.

Ilustración 56 Características esenciales de un vendedor

Capítulo 11: Estimaciones de Venta

Las estimaciones de venta son un elemento esencial en toda empresa, dado que le permite tener una proyección de ingresos en el tiempo y dimensionar su operación y gastos futuros, además de dar una visión a los inversionistas de la situación de la misma.

Probabilidad cierre de venta

Previo a iniciar el proceso de estimar las ventas es importante entender cómo funcionan las probabilidades de cierre de una venta, para luego avanzar en estimar las ventas futuras en el tiempo.

La probabilidad de éxito de la venta que deberás determinarse con el pasar de los procesos de venta, por ejemplo:

- Podrías tener una probabilidad de éxito del 10% de lograr la venta (cierre de venta), esto quiere decir que de 10 prospectos que estén en el proceso podrías conscguir una (1) venta en promedio.

Esta probabilidad de venta puede ir variando con el tiempo en función del sector, preferencias, mercado, la economía, el país y finalmente el producto o servicio que vendas como hemos comentado previamente.

Para ventas consultivas puedes encontrar tasas de cierre en función de los sectores que pueden variar entre un 20% y 30%. En mercados complejos pueden caer incluso al 10% o 5%.

En productos o servicios específicos, estacionarios y que dependen de alguna temporada particular, para aumentar la demanda podrás contar con distintas probabilidades durante el año, por ejemplo, puede variar la demanda en verano alcanzando una tasa de conversión del 20% y en invierno un 10% y en promedio en el año estar en torno a un 15%.

Otro punto por considerar es que puede variar tu probabilidad de éxito en función de la composición de tu cartera de prospectos, si tienes solo prospectos innovadores tu probabilidad aumenta, pero si tu lista está compuesta por solo prospectos conservadores puede disminuir.

Finalmente, lo importante que podrás contar con tu propio análisis sobre tu probabilidad de cierre de venta luego de analizar tus iteraciones del proceso de venta.

Precio de venta promedio

Un dato importante para considerar en las estimaciones de ventas futuras es determinar el precio de venta promedio, el cual que se calcula, dividiendo el monto total de las ventas por la cantidad de producto o servicios vendidos, por ejemplo:

Si vendiste 100 productos por un total de $100 mil dólares tu precio venta promedio es de $1000 dólares

Como estimar las ventas futuras

El proceso de estimar tus ventas futuras estará basado en variables como:

- o **Experiencia Previa**: tu experiencia previa en la venta de los productos y servicios. Si ya conoces el producto, competidores, será más fácil empezar en el proceso de venta

- o **Situación del mercado**: la situación actual del mercado, país y sector, por ejemplo, si la economía cae y tu producto y/o servicio está influenciado directamente por ella, afectará los tiempos y conversión de tu proceso de venta.

- o **Prospectos**: Análisis del listado actual de prospectos perfilados como comentábamos previamente en función del perfil de prospectos que tengas puedes tener mayor cantidad de cierres o no.

- o **Probabilidad de cierre de venta**: Tu probabilidad de venta actual. Esta probabilidad será un factor clave para estimar tus ventas futuras.

o **Nuevos productos**: Los nuevos productos en el mercado. Si han salido nuevos productos al mercado que son o pueden llegar a ser una amenaza para ti, estos pueden afectar tus estimaciones de venta, principalmente en el cierre con futuros clientes del tipo innovadores.

o **Estrategias de Marketing**: Las estrategias de marketing de la empresa.
o **Competidores**: Análisis de tus competidores.
o **Precios y Costos**: Fluctuación de los precios y costos de tu producto y/o servicio.

Ilustración 57 Variables para la estimación de ventas

Existen diversas formas para realizar las estimaciones de ventas, algunas consideran métodos estadísticos, otras cómo el uso de Inteligencia Artificial, ingresos pasados y análisis del proceso de venta actual y proyectado.

Revisaremos dos métodos que he usado previamente y que pueden ser usados de forma sencilla y rápida.

Proyección de Ventas cómo análisis del proceso de venta

Dado que tu llevas el seguimiento y control de tu lista de prospectos a través del proceso de venta y cuentas con un cálculo estimado de probabilidades de ventas y precio de venta promedio, puedes estimar tus ventas futuras de la siguiente forma:

Por ejemplo, si cuentas con 20 prospectos en un tu proceso de venta, tu tasa promedio es del 30% de conversión al año y el precio de venta promedio es de 2 mil dólares, tu proyección de ventas será de:

20 x 30% x 2 mil dólares = 12 mil dólares

Proyección de Ventas cómo porcentaje de los ingresos

Unos de los métodos más rápidos para estimar la proyección de venta es determinar las ventas en función del porcentaje de ingresos y tendencias pasadas, proyectando las ventas futuras con algún factor en función de la situación actual cómo la económica del país o mercado, preferencias y tendencias del mercado, actividades de competidores, etc., por ejemplo:

Del histórico de ventas respecto a los ingresos de los últimos tres años es del 25%. Es decir, el 25% de los ingresos de la empresa fueron nuevas ventas en un año, esto significa que, si tuvimos ingresos de 1 millón de dólares al año, vendimos 250 mil dólares en nuevas ventas.

Ahora, si este año ponderamos las ventas históricas un 5% más por la incertidumbre económica del país y los demás factores, este factor queda en un 30% respecto al ingreso.

Por lo que, si proyectamos obtener ingresos de 1 millón de dólares al año, tendríamos que vender este año 300 mil dólares en nuevas ventas.

Este método asume que la regularidad en las ventas y tendencias pasadas puede permanecer relativamente estable en el futuro.

Cuota de venta

La cuota de venta es la meta monetaria que el departamento comercial busca generar en un determinado tiempo, dicha meta la distribuye entre todos los vendedores de la empresa. Está meta puede ser definida de manera mensual, trimestral, semestral y anual.

Adicionalmente en la cuota de venta pueden, además, definir el pago de incentivos y comisiones por el cumplimiento de la meta parcial o total, bonos, etc., por ejemplo:

- o Por el cumplimiento de la cuota:

    - o Sobre el 85% se paga un bono de un salario al año.
    - o Sobre el 95% se paga un bono de dos salarios al año.
    - o Sobre el 105% se paga un bono de cuatro salarios al año.

Capítulo 12: Conclusiones

Hemos concluido nuestro viaje para descubrir el mundo de las ventas, espero hayas podido darte una idea detallada de este nuevo mundo que estas iniciando, el cual te podrá dar la posibilidad de buscar, analizar, clasificar y vender un producto o servicio.

Adicionalmente te abre un sinnúmero de posibilidad en términos de lograr generar ingresos por cada venta realizada.

Una conclusión importante de este viaje de las ventas consultivas es que vender conlleva resolver los problemas y necesidades de tus clientes, mientras más rápido aprenderás a detectar problemas y plantear soluciones para resolverlos con tus productos y/o servicios, más rápido serás un mejor vendedor.

Este nuevo rol de ventas consultivas te dejará nuevos conocimientos y experiencias para emprender y desarrollarte en el mundo de los negocios que ninguna otra posición te puede brindar.

Todo negocio, empresa necesita vender y si logras dominar este nuevo rol, seguramente se te abrirán nuevas puertas en cualquier nuevo desafío que emprendas en tu vida laboral.

Finalmente desearte el mejor de los éxitos en tu nuevo rol en el área de ventas y bienvenido al mundo de las ventas consultivas.

Ilustraciones

Acerca del Autor

El autor cuenta con más de 20 de años de experiencia en el área de tecnología en diferentes roles y en los últimos 10 años ha estado inmerso en el sector de ventas consultivas y proyectos.

www.ingramcontent.com/pod-product-compliance
Lightning Source LLC
Chambersburg PA
CBHW070115010626
45794CB00013B/1517